~ 미래와 통하는 책 ~

동양북스 외국어
베스트 도서

700만 독자의 선택!

새로운 도서, 다양한 자료 동양북스 홈페이지에서 만나보세요!

www.dongyangbooks.com
m.dongyangbooks.com

※ 학습자료 및 MP3 제공 여부는 도서마다 상이하므로 확인 후 이용 바랍니다.

홈페이지 도서 자료실에서 학습자료 및 MP3 무료 다운로드

PC

❶ 홈페이지 접속 후 도서 자료실 클릭
❷ 하단 검색 창에 검색어 입력
❸ MP3, 정답과 해설, 부가자료 등 첨부파일 다운로드

* 원하는 자료가 없는 경우 '요청하기' 클릭!

MOBILE

* 반드시 '인터넷, Safari, Chrome' App을 이용하여 홈페이지에 접속해주세요. (네이버, 다음 App 이용 시 첨부파일의 확장자명이 변경되어 저장되는 오류가 발생할 수 있습니다.)

❶ 홈페이지 접속 후 ☰ 터치

❷ 도서 자료실 터치

❸ 하단 검색창에 검색어 입력
❹ MP3, 정답과 해설, 부가자료 등 첨부파일 다운로드

* 압축 해제 방법은 '다운로드 Tip' 참고

프렌즈 일본어

강경자 정희순 유혜경 박영숙 강원주
스즈끼 미에 김영 하야시 요코 지음

1

동양북스

프렌즈 일본어 ❶

초판 2쇄 | 2023년 4월 5일

지은이 | 강경자, 정희순, 유혜경, 박영숙, 스즈끼 미에, 김영, 하야시 요코
발행인 | 김태웅
책임편집 | 길혜진
디자인 | 남은혜
일러스트 | 조윤
마케팅 | 나재승
제　작 | 현대순

발행처 | (주)동양북스
등　록 | 제 2014-000055호(2014년 2월 7일)
주　소 | 서울시 마포구 동교로22길 14 (04030)
구입 문의 | 전화 (02)337-1737　팩스 (02)334-6624
내용 문의 | 전화 (02)337-1762　dybooks2@gmail.com

ISBN　979-11-5768-669-8　14730
　　　　979-11-5768-668-1　(세트)

이 도서의 국립중앙도서관 출판예정도서목록(CIP)은 서지정보유통지원시스템 홈페이지(http://seoji.nl.go.kr)와
국가자료공동목록시스템(http://www.nl.go.kr/ kolisnet)에서 이용하실 수 있습니다.
(CIP제어번호:CIP2020047505)

머리말

새로운 시대에 필요한 새로운 언어 감각!!
시대의 변화에 따라 변하는 것이 많이 있지만 무엇보다 민감한 변화는 우리들의 언어생활이라고 여겨집니다.

시대의 변화에 따라 사람들의 관심과 언어 표현은 끊임없이 변하며, 이러한 변화하는 시대 분위기 속에 뛰어난 외국어 실력을 갖춘다는 것은 그 시대의 아이콘이 되는 톡톡 튀는 표현을 유감없이 발휘할 수 있는 언어 감각을 가진다는 것일 것입니다. 이 교재는 이러한 문제의식 속에 집필되었습니다.

일반적으로 트렌디한 소재로 재미있게 전개되는 학습서는 지나치게 재미 위주로 편중되어 있어 학습서로는 부족하거나, 시험 대비를 위한 학습서는 너무 딱딱한 수험서 느낌의 책으로 집필되어서 재미있게 공부하며 시험 대비를 할 수 있는 책은 참으로 드문 것 같습니다.

어떻게 하면 재미있게 트렌디한 감각으로 실용 일본어를 배우되 문법과 어휘, 청취와 독해 능력까지 골고루 배양하여 시험 대비를 위한 실력까지 갖출 수 있는 교재를 제공해 줄 수 있을까? 하는 문제의식의 출발이 이 교재의 집필 동기라 할 수 있습니다.

이 교재는 톡톡 튀는 트렌디한 감각을 생생하고 현실감 넘치는 스토리를 통해 배우고, 꼼꼼하게 문법과 어휘, 청취 감각을 체크하는 시험 대비 코너도 갖추고 있어 재미와 실용성, 감각과 실력의 두 마리 토끼를 다 잡을 수 있습니다. 일본어를 배우는 자나 가르치는 자 모두에게 만족감을 주는 책이 될 것입니다.

아무쪼록 이 교재를 통해 일본어를 배우게 되는 모든 사람에게 누구보다도 뛰어난 일본어 감각과 실력을 배양하는 데 조금도 부족함이 없는 자그마한 도구로 쓰이길 소망합니다.

이 교재가 출간되기까지 최고의 교재를 위해 최선의 열정을 아낌없이 쏟아주신 동양북스 일본어기획팀 및 여러 관계자 여러분들께 깊은 감사를 드리며…….

저자 일동

이 책의 구성

도입

각 과에 대한 학습 목표와 각 과를 학습하는 데 있어 꼭 이해하고 습득해야 할 핵심 문장을 제시하여 학습 내용에 대한 이해를 명확하게 할 수 있도록 하였습니다.

만화 & 회화

캠퍼스 생활을 중심으로 한 회화 내용을 개성 넘치는 등장인물들을 통한 생생한 표현으로 구성하여 일본어 학습에 동기와 흥미를 유발할 수 있도록 하였습니다. 회화문에 들어가기 전에 회화문의 상황을 만화로 제시하여 부담 없이 일본어 학습을 시작할 수 있도록 하였습니다.

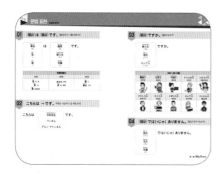

문법 표현

회화에서 나오는 주요 문법과 표현을 정리하여 제시하였습니다. 문법을 더욱 쉽게 이해할 수 있도록 패턴화하여 정리하였고, 예문 아래 바로 어휘의 뜻을 달아 학습의 편의를 극대화할 수 있도록 하였습니다.

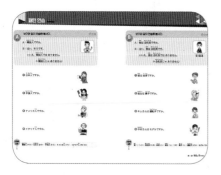

패턴 연습

본문에 나온 주요 문법을 중심으로 문형과 회화 연습을 할 수 있도록 구성하였습니다. 문법 표현에서 학습한 문법을 토대로 한 응용 연습을 통해 일본어의 기초를 탄탄히 다질 뿐 아니라 실제 회화 실력도 향상시킬 수 있도록 하였습니다.

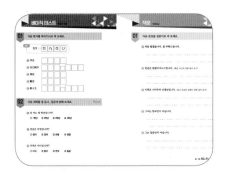

베이직 테스트 & 작문

각 과의 주요 어휘와 청취 문제로, 어휘 문제에서는 촉음과 장음까지 의식하여 익힐 수 있도록 칸을 제시하였습니다. 청취 문제는 스토리식 듣기 평가로 전체적인 이야기를 듣고 이해하고 문제를 푸는 과정을 통해 일본어 실력이 향상될 수 있습니다. 작문에서는 각 과의 주요 문법과 표현을 중심으로 한 문장을 직접 쓰며 연습할 수 있도록 하였습니다.

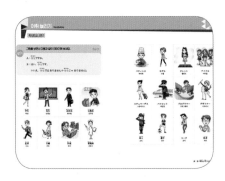

어휘 늘리기

각 과에서 학습한 내용과 관련된 어휘를 그림과 함께 제시하였고, 제시한 어휘를 활용하여 더욱 심화된 회화 표현을 할 수 있도록 구성하였습니다. 재미있는 어휘 학습을 통해 더욱 실용적이고 풍부한 표현을 구사할 수 있도록 하였습니다.

레벨업 테스트

각 과에서 학습한 주요 어휘와 문형, 문장을 문제를 통해 다시 한번 확인할 수 있도록 하였습니다. 앞에서 배운 내용을 확실하게 다진 후에 다음 과로 넘어갈 수 있게 충분히 학습할 수 있도록 구성하였습니다.

★ 워크북 & 부록

각 과의 주요 어휘와 문장을 직접 쓰면서 연습할 수 있도록 워크북을 수록하였습니다. 부록에서는 각 과의 회화문 해석, 패턴 연습과 테스트의 정답 및 청취 스크립트와 스크립트 해석을 수록하였습니다.

★ 음성 녹음 MP3 음원

회화문뿐만 아니라 문법 표현의 예문, 패턴 연습과 어휘 늘리기까지 본문의 내용을 충분히 담은 MP3 음원을 통해 듣기 훈련도 충분히 할 수 있도록 하였습니다.

목차

第1課 専攻は 何ですか。·43

전공은 무엇입니까?

第2課 電話番号は 何番ですか。·57

전화번호는 몇 번입니까?

第3課 今 何時ですか。·71

지금 몇 시입니까?

第4課 お誕生日は いつですか。·85

생일은 언제입니까?

이 책의 학습 구성표

unit	과 제목	학습 목표	문법 및 표현
第1課 だい か	専攻は 何ですか。 せんこう なん 전공은 무엇입니까?	자기소개 표현과 기본 명사 구문 익히기	01 [명사]は [명사]です。[명사]은/는 [명사]입니다. 02 こちらは ～です。이쪽은 ～입니다. (옆 사람 소개) 03 [명사]ですか。[명사]입니까? 04 [명사]では(=じゃ) ありません。[명사]이/가 아닙니다. 05 [명사]の [명사]인 (동격), [명사]의 (소속, 소유) 06 専攻せんこうは 何なんですか。전공은 무엇입니까? 　인칭대명사 / 여러 나라 사람 　전공 관련 어휘 / 학년
第2課 だい か	電話番号は 何番 でん わ ばんごう なんばん ですか。 전화번호는 몇 번 입니까?	지시대명사와 소유대명사, 전화번호 묻고 답하기	01 これ/それ/あれ/どれ 이것/그것/저것/어느 것 02 何なんの [명사]ですか。무슨 [명사]입니까? 03 ～の ～의 것 (소유대명사) 04 だれ 누구 05 電話番号でんわばんごうは 何番なんばんですか。 　전화번호는 몇 번입니까? 06 전화번호 말하기 　숫자 1～10
第3課 だい か	今 何時ですか。 いま なんじ 지금 몇 시입니까?	시각 및 시간의 범위 표현과 권유 표현 익히기	01 今いま 何時なんじですか。지금 몇 시입니까? 　① 時じ 시 　② 分ふん 분 02 시간과 관련된 표현 03 ～から ～まで ～부터 ～까지 04 ～でも どう/どうですか。 　～라도 어때/어때요(어떻습니까)?
第4課 だい か	お誕生日は たんじょう び いつですか。 생일은 언제입니까?	날짜, 요일, 생일 관련 표현 익히기	01 いつですか。언제입니까? 02 何月なんがつ 몇 월 03 何日なんにち 며칠 04 何曜日なんようび 무슨 요일 05 시일 관련 표현 06 ～と ～와/과
第5課 だい か	毎日 楽しいです。 まいにち たの 매일 즐겁습니다.	い형용사의 어휘와 기본 활용형 익히기	01 い형용사 기본 어휘 (기본형:い형용사 어간 + い) 02 [い형용사 기본형]+です (정중형) ～습니다 03 [い형용사 어간]+く ない (부정형) ～지 않다 04 [い형용사 어간]+く ないです/く ありません 　(부정형의 정중형) ～지 않습니다 05 [い형용사 기본형]+[명사] (수식형) ～한 [명사] 06 [い형용사 어간]+くて (나열, 이유의 연결형) ～고, ～서 07 いい(良よい)의 활용

히라가나(ひらがな) – 오십음도(五十音図)

	あ단	い단	う단	え단	お단
あ행	あ [a] あい	い [i] いえ	う [u] うえ	え [e] え	お [o] あお
か행	か [ka] かお	き [ki] かき	く [ku] きく	け [ke] いけ	こ [ko] こい
さ행	さ [sa] さけ	し [shi] しか	す [su] すし	せ [se] せかい	そ [so] すそ
た행	た [ta] たき	ち [chi] ちち	つ [tsu] つき	て [te] て	と [to] とし
な행	な [na] なつ	に [ni] にく	ぬ [nu] いぬ	ね [ne] ねこ	の [no] つの

	あ단	い단	う단	え단	お단
は행	は [ha] はな	ひ [hi] ひと	ふ [fu] ふね	へ [he] へそ	ほ [ho] ほし
ま행	ま [ma] まめ	み [mi] みみ	む [mu] むすめ	め [me] あめ	も [mo] もも
や행	や [ya] やま		ゆ [yu] ゆき		よ [yo] ひよこ
ら행	ら [ra] そら	り [ri] りす	る [ru] くるま	れ [re] すみれ	ろ [ro] いろ
わ행	わ [wa] わたし				を [o] 〜を
ん	ん [N] きん				

가타가나(カタカナ) - 오십음도(五十音図)

	ア단	イ단	ウ단	エ단	オ단
ア행	ア [a] アイス	イ [i] イタリア	ウ [u] ソウル	エ [e] エアコン	オ [o] オートバイ
カ행	カ [ka] カメラ	キ [ki] スキー	ク [ku] クッキー	ケ [ke] ケーキ	コ [ko] コート
サ행	サ [sa] サラダ	シ [shi] シアター	ス [su] スポーツ	セ [se] セット	ソ [so] ソース
タ행	タ [ta] タオル	チ [chi] チーズ	ツ [tsu] ツアー	テ [te] テレビ	ト [to] トマト
ナ행	ナ [na] バナナ	ニ [ni] テニス	ヌ [nu] ヌードル	ネ [ne] ネクタイ	ノ [no] ノート

	ア단	イ단	ウ단	エ단	オ단
ハ행	ハ [ha] ハート	ヒ [hi] コーヒー	フ [fu] フランス	ヘ [he] ヘア	ホ [ho] ホテル
マ행	マ [ma] マスカラ	ミ [mi] ミルク	ム [mu] ゲーム	メ [me] メール	モ [mo] メモ
ヤ행	ヤ [ya] タイヤ		ユ [yu] ユニフォーム		ヨ [yo] ヨット
ラ행	ラ [ra] ラジオ	リ [ri] リボン	ル [ru] ルビー	レ [re] レストラン	ロ [ro] メロン
ワ행	ワ [wa] ワイン				ヲ [o]
ン	ン [N] ペン				

등장인물 소개

이준수 (イ・ジュンス)

한국인 남자.
일본 ○○대학 유학생.
경영학과 4학년. 26세. 혈액형 A형.
어학 연수 포함 일본 거주 경험 5년.
현 유학생회 회장 및 멘토.
성실하고 섬세한 성격.

왕아려 (ワン・アリョ)

중국인 여자.
일본 ○○대학 유학생 1학년.
20세. 혈액형 O형.
중국 유명 호텔 회장의 외동딸.
밝고 씩씩하고 따뜻한 성격.

나카무라 미카 (中村美香)

일본인 여자.
일본 ○○대학 일본어 교수. 38세.
현 유학생회 지도 교수.
학생들과 친구처럼 지내는
친근한 이미지.

나타샤 알렉산드라
(ナターシャ・アレクサンドラ)

러시아인 여자.
일본 ○○대학 교환 학생 2학년.
21세. 혈액형 AB형.
국제 정치에 관심이 많은 학구파로,
냉철하고 이지적인 완벽주의자.

응우엔 마인
(グエン・マイン)

베트남인 남자.
일본 ○○대학 국비장학생.
경영학과 3학년. 23세. 혈액형 B형.
공부, 운동, 어학 등 다방면에
출중한 완벽남. 자신만만한 성격으로
살짝 자기중심적.

히라가나(ひらがな)와
발음 익히기

あ행

あ [a]	い [i]	う [u]	え [e]	お [o]
あい	いえ	うえ	え	あお
사랑	집	위	그림	파랑

か행

か [ka]	き [ki]	く [ku]	け [ke]	こ [ko]
かお	かき	きく	いけ	こい
얼굴	감	국화	연못	잉어

さ행

さ [sa] さけ 술	し [shi] しか 사슴	す [su] すし 초밥	せ [se] せかい 세계	そ [so] すそ 옷자락

た행

た [ta] たき 폭포	ち [chi] ちち 아버지	つ [tsu] つき 달	て [te] て 손	と [to] とし 나이

24살

な행

な	に	ぬ	ね	の
[na]	[ni]	[nu]	[ne]	[no]
なつ	にく	いぬ	ねこ	つの
여름	고기	개	고양이	뿔

は행

は	ひ	ふ	へ	ほ
[ha]	[hi]	[fu]	[he]	[ho]
はな	ひと	ふね	へそ	ほし
꽃	사람	배	배꼽	별

ま행

ま	み	む	め	も
[ma]	[mi]	[mu]	[me]	[mo]
まめ	みみ	むすめ	あめ	もも
콩	귀	딸	비	복숭아

や행

や		ゆ		よ
[ya]		[yu]		[yo]
やま		ゆき		ひよこ
산		눈		병아리

ら	り	る	れ	ろ
[ra]	[ri]	[ru]	[re]	[ro]
そら	りす	くるま	すみれ	いろ
하늘	다람쥐	자동차	제비꽃	색

わ		を		ん
[wa]		[o]		[N]
わたし		～を		きん
나, 저		～을/를		금

02 히라가나 탁음(濁音) 🎧 00-02

が행

が	ぎ	ぐ	げ	ご
[ga]	[gi]	[gu]	[ge]	[go]
かがみ	かぎ	かぐ	ひげ	たまご
거울	열쇠	가구	수염	달걀

ざ행

ざ	じ	ず	ぜ	ぞ
[za]	[ji]	[zu]	[ze]	[zo]
ひざ	ひじ	みず	かぜ	かぞく
무릎	팔꿈치	물	바람	가족

だ	ぢ	づ	で	ど
[da]	[ji]	[zu]	[de]	[do]
だいがく	はなぢ	こづつみ	そで	まど
대학교	코피	소포	소매	창문

ば	び	ぶ	べ	ぼ
[ba]	[bi]	[bu]	[be]	[bo]
ばら	えび	ぶた	べんとう	つぼ
장미꽃	새우	돼지	도시락	단지

ぱ행

ぱ	ぴ	ぷ	ぺ	ぽ
[pa]	[pi]	[pu]	[pe]	[po]
いっぱい	ぴかぴか	ぷくぷく	ぺらぺら	ぽかぽか
가득	반짝반짝	뒤룩뒤룩	술술	포근포근

04 히라가나 요음(拗音) 00-04

きゃ행

きゃ	きゅ	きょ
[kya]	[kyu]	[kyo]
おきゃく	きゅうり	きょり
손님	오이	거리

ぎゃ행

ぎゃ	ぎゅ	ぎょ
[gya]	[gyu]	[gyo]
ぎゃく	ぎゅうにゅう	きんぎょ
반대	우유	금붕어

しゃ행

しゃ	しゅ	しょ
[sha]	[shu]	[sho]
しゃしん	しゅじん	しょみん
사진	남편	서민

じゃ행

じゃ	じゅ	じょ
[ja]	[ju]	[jo]
じんじゃ	しんじゅ	じょせい
신사	진주	여성

ちゃ행

ちゃ	ちゅ	ちょ
[cha]	[chu]	[cho]
おちゃ	ちゅうもん	ちょちく
차	주문	저축

にゃ행

にゃ	にゅ	にょ
[nya]	[nyu]	[nyo]
こんにゃく	にゅういん	にょうぼう
곤약	입원	마누라

ひゃ행

ひゃ	ひゅ	ひょ
[hya]	[hyu]	[hyo]
ひゃく	ひゅうひゅう	ひょうじょう
백, 100	휙휙	표정

びゃ행

びゃ	びゅ	びょ
[bya]	[byu]	[byo]
さんびゃく	びゅうびゅう	びょういん
삼백, 300	윙윙	병원

ぴゃ행

ぴゃ	ぴゅ	ぴょ
[pya]	[pyu]	[pyo]
はっぴゃく	ぴゅうぴゅう	ぴょんぴょん
팔백, 800	확확	깡총깡총

みゃ행

みゃ	みゅ	みょ
[mya]	[myu]	[myo]
みゃく	–	びみょう
맥		미묘

りゃ행

りゃ	りゅ	りょ
[rya]	[ryu]	[ryo]
りゃくじ	りゅうがく	りょうり
약자	유학	요리

05 히라가나 촉음(促音) 🎧 00-05

1 [ㄱ]발음 - か행 앞

がっき 악기   はっきり 확실히   ゆっくり 천천히
せっけん 비누   がっこう 학교

2 [ㅅ]발음 - さ행 앞

きっさてん 찻집   ざっし 잡지   まっすぐ 똑바로
けっせき 결석   しっそ 검소

3 [ㄷ]발음 - た행 앞

いったい 도대체   しゅっちょう 출장   きって 우표
ちょっと 잠깐   しっとり 촉촉

4 [ㅂ]발음 - ぱ행 앞

いっぱい 가득   いっぴき 한 마리   いっぷん 1분
ほっぺた 볼   しっぽ 꼬리

1 [ㅁ]발음 - ま·ば·ぱ행 앞

さんま 꽁치 せんむ 전무 とんぼ 잠자리

えんぴつ 연필 てんぷら 튀김 さんぽ 산책

2 [ㄴ]발음 - さ·ざ·た·だ·な·ら행 앞

しんさ 심사 ぎんざ 긴자(일본 지명) かんじ 한자 おんち 음치

えんとつ 굴뚝 おんど 온도 あんない 안내

3 [ㅇ]발음 - か·が행 앞

かんこく 한국 げんき 건강함 おんがく 음악 りんご 사과

4 [ㄴ+ㅇ]중간음 발음 - あ·は·や행 앞과 わ/ん

はんい 범위 ほんや 서점 でんわ 전화 かばん 가방

1 [a:]장음 - あ단+あ

おかあさん 어머니   おばあさん 할머니

2 [i:]장음 - い단+い

おにいさん 형, 오빠   おじいさん 할아버지
いいえ 아니요, 아뇨

3 [u:]장음 - う단+う

くうき 공기   ゆうき 용기
すうじ 숫자   せんぷうき 선풍기

4 [e:]장음 - え단+え, え단+い

おねえさん 누나, 언니   せんせい 선생님
がくせい 학생   とけい 시계

5 [o:]장음 - お단+お, お단+う

おおきい 크다   おおさか 오사카(일본 지명)
おとうさん 아버지   こうえん 공원

잘 듣고 ①~④ 중에서 가장 알맞은 것을 골라 ○표 하세요.

1 ① めこ　　　② ぬこ　　　③ ねこ　　　④ のこ

2 ① かざ　　　② かさ　　　③ かぎ　　　④ かき

3 ① じゅうもん　② しゅうもん　③ ちゅもん　④ ちゅうもん

4 ① げせき　　② げっせき　　③ けっせぎ　　④ けっせき

5 ① おき　　　② おおき　　　③ おおきい　　④ おぎい

아침 인사	おはよう。 안녕.
	おはようございます。 안녕하세요.
낮 인사	こんにちは。 안녕하세요.
저녁 인사	こんばんは。 안녕하세요.
헤어질 때 인사	さよなら / さようなら。 안녕히 가세요.
	では また。 그럼 또 (봐요).
	じゃね。 잘 가.
잠잘 때 인사	おやすみ。 잘 자.
	おやすみなさい。 안녕히 주무세요.
감사 인사	ありがとう。 고마워.
	ありがとうございます。 감사합니다.
	どういたしまして。 천만에요. 별말씀을.
사과 인사	すみません。 죄송합니다.
	ごめんなさい。 죄송합니다.
축하 인사	おめでとう。 축하해.
	おめでとうございます。 축하드립니다.
식사 인사	いただきます。 잘 먹겠습니다.
	ごちそうさまでした。 잘 먹었습니다.

가타카나(カタカナ)와 발음 익히기

ア행

ア	イ	ウ	エ	オ
[a]	[i]	[u]	[e]	[o]
アイス	イタリア	ソウル	エアコン	オートバイ
아이스, 얼음	이탈리아	서울	에어컨	오토바이

カ행

カ	キ	ク	ケ	コ
[ka]	[ki]	[ku]	[ke]	[ko]
カメラ	スキー	クッキー	ケーキ	コート
카메라	스키	쿠키	케이크	코트

サ [sa] サラダ 샐러드	シ [shi] シアター 시어터, 극장	ス [su] スポーツ 스포츠	セ [se] セット 세트	ソ [so] ソース 소스

タ [ta] タオル 타월, 수건	チ [chi] チーズ 치즈	ツ [tsu] ツアー 투어	テ [te] テレビ 텔레비전	ト [to] トマト 토마토

ナ행

ナ	ニ	ヌ	ネ	ノ
[na]	[ni]	[nu]	[ne]	[no]
バナナ	テニス	ヌードル	ネクタイ	ノート
바나나	테니스	누들	넥타이	노트

ハ행

ハ	ヒ	フ	ヘ	ホ
[ha]	[hi]	[fu]	[he]	[ho]
ハート	コーヒー	フランス	ヘア	ホテル
하트	커피	프랑스	헤어	호텔

マ행

マ [ma] マスカラ 마스카라	ミ [mi] ミルク 밀크	ム [mu] ゲーム 게임	メ [me] メール 메일	モ [mo] メモ 메모
	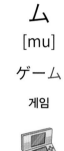	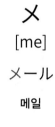		

ヤ행

ヤ [ya] タイヤ 타이어		ユ [yu] ユニフォーム 유니폼		ヨ [yo] ヨット 요트

ラ [ra] ラジオ 라디오	リ [ri] リボン 리본	ル [ru] ルビー 루비	レ [re] レストラン 레스토랑	ロ [ro] メロン 멜론

ワ행, ン

ワ [wa] ワイン 와인		ヲ [o] -		ン [N] ペン 펜

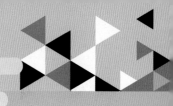

가타카나 탁음(濁音) 🎧 00-11

ガ행

ガ	ギ	グ	ゲ	ゴ
[ga]	[gi]	[gu]	[ge]	[go]

ザ행

ザ	ジ	ズ	ゼ	ゾ
[za]	[ji]	[zu]	[ze]	[zo]

ダ행

ダ	ヂ	ヅ	デ	ド
[da]	[ji]	[zu]	[de]	[do]

バ행

バ	ビ	ブ	ベ	ボ
[ba]	[bi]	[bu]	[be]	[bo]

예

グループ 그룹   アドレス 주소   ドライブ 드라이브
ジャズ 재즈   テレビ 텔레비전   ホームページ 홈페이지
デート 데이트   バス 버스

03 가타카나 반탁음(半濁音) (はんだくおん) 🎧 00-12

パ행

パ [pa]	ピ [pi]	プ [pu]	ペ [pe]	ポ [po]

예

パスタ 파스타   ピザ 피자   プードル 푸들
ペット 펫, 반려동물   ポテト 포테이토

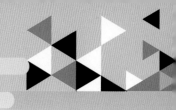
キャ행		
キャ [kya]	キュ [kyu]	キョ [kyo]

ギャ행		
ギャ [gya]	ギュ [gyu]	ギョ [gyo]

シャ행		
シャ [sha]	シュ [shu]	ショ [sho]

ジャ행		
ジャ [ja]	ジュ [ju]	ジョ [jo]

チャ행		
チャ [cha]	チュ [chu]	チョ [cho]

ニャ행		
ニャ [nya]	ニュ [nyu]	ニョ [nyo]

ヒャ행		
ヒャ [hya]	ヒュ [hyu]	ヒョ [hyo]

ビャ행		
ビャ [bya]	ビュ [byu]	ビョ [byo]

ピャ행		
ピャ [pya]	ピュ [pyu]	ピョ [pyo]

ミャ행		
ミャ [mya]	ミュ [myu]	ミョ [myo]

リャ행		
リャ [rya]	リュ [ryu]	リョ [ryo]

예

キャラメル 캐러멜	シャツ 셔츠	ジュース 주스
ショップ 숍	チャンス 찬스	ヒューマニズム 휴머니즘
ニュース 뉴스		

---

05 외래어와 특별음 _(外来語と 特別音) 🎧 00-14

예

ファッション 패션	ボランティア 봉사	ウェブ 웹
スマートフォン 스마트폰	ビューティー 뷰티	

06 가타카나 촉음(促音) ^{そくおん} [ッ] 🎧 00-15

예

クリック 클릭　　　　ネックレス 목걸이　　　メッセージ 메시지
ダイエット 다이어트　　ショッピング 쇼핑

07 가타카나 발음(撥音) ^{はつおん} [ン] 🎧 00-16

예

ワンピース 원피스　　　チキン 치킨　　　　コンサート 콘서트
フランス 프랑스　　　　ログイン 로그인

08 가타카나 장음(長音) ^{ちょうおん} [ー] 🎧 00-17

예

コーヒー 커피　　　　スキー 스키
ケーキ 케이크　　　　メール 메일

잘 듣고 ①~④ 중에서 가장 알맞은 것을 골라 ○표 하세요.

1 ① スウル ② ソウル ③ フウル ④ メウル

2 ① ケキー ② チキー ③ フキー ④ スキー

3 ① メセージ ② メッセージ ③ メッセジ ④ メセジ

4 ① ショップ ② ショブ ③ シップ ④ ショプ

5 ① スマートフユン ② スマートフォン
③ スマートファン ④ スマートフョン

せんこう なん
専攻は 何ですか。

전공은 무엇입니까?

학습 목표

자기소개 표현과 기본 명사 구문 익히기

핵심 문장

わたし
私は ワン・アリョです。

저는 왕아려입니다.

せんこう なん
専攻は 何ですか。

전공은 무엇입니까?

かのじょ しんにゅうせい
彼女は 新入生じゃ ありません。

그녀는 신입생이 아닙니다.

회화 Dialogue

ジュンス こちらは 指導教授の 中村先生です。

　　　　　みなさん、自己紹介 お願いします。

アリョ はじめまして。新入生の ワン・アリョです。

　　　　　よろしく お願いします。

中村 ワンさんの 専攻は 何ですか。

アリョ 観光ビジネスです。

ナターシャ はじめまして。ナターシャ・アレクサンドラです。

　　　　　ロシア人です。専攻は 政治学です。

　　　　　どうぞ よろしく お願いします。

アリョ ナターシャさんも 新入生ですか。

ナターシャ いいえ、新入生じゃ ありません。

　　　　　2年生です。

단어와 표현

こちら 이쪽 | 指導教授 지도 교수 | 先生 선생님 | ～です ~입니다 | みなさん 여러분 | 自己紹介 자기 소개 | お願いします 부탁드립니다 | はじめまして 처음 뵙겠습니다 | 新入生 신입생 | よろしく 잘 | ～さん ~씨 | 専攻 전공 | 何 무엇 | ～ですか ~입니까? | 観光 관광 | ビジネス 비즈니스 | 政治学 정치학 | ～も ~도 | いいえ 아니요, 아뇨 | ～じゃ ありません ~이/가 아닙니다 | ～年生 ~학년

문법 표현 Expression

01 　명사 は 　명사 です。 [명사]은/는 [명사]입니다.

専攻 (せんこう) 전공	は	経営 (けいえい) 경영	です。
私 (わたし) 저		新入生 (しんにゅうせい) 신입생	
彼 (かれ) 그		先輩 (せんぱい) 선배	

인칭대명사		
1인칭	2인칭	3인칭
私 (わたし) 나, 저 私 (わたくし) 저 僕 (ぼく) 나(남자)	あなた 당신 君 (きみ) 너, 자네	彼 (かれ) 그 彼女 (かのじょ) 그녀

02 　こちらは ～です。 이쪽은 ～입니다. (옆 사람 소개)

こちらは	中村先生 (なかむらせんせい)	です。
	ワンさん	
	グエン・マインさん	

46

03 명사 ですか。 [명사] 입니까?

<ruby>新入生<rt>しんにゅうせい</rt></ruby>
신입생

<ruby>彼氏<rt>かれし</rt></ruby>
남자친구

ロシア<ruby>人<rt>じん</rt></ruby>
러시아인

ですか。

여러 나라 사람				
<ruby>韓国人<rt>かんこくじん</rt></ruby> 한국인	<ruby>日本人<rt>にほんじん</rt></ruby> 일본인	<ruby>中国人<rt>ちゅうごくじん</rt></ruby> 중국인	アメリカ<ruby>人<rt>じん</rt></ruby> 미국인	イタリア<ruby>人<rt>じん</rt></ruby> 이탈리아인
フランス<ruby>人<rt>じん</rt></ruby> 프랑스인	ドイツ<ruby>人<rt>じん</rt></ruby> 독일인	イギリス<ruby>人<rt>じん</rt></ruby> 영국인	ロシア<ruby>人<rt>じん</rt></ruby> 러시아인	ベトナム<ruby>人<rt>じん</rt></ruby> 베트남인

04 명사 では(=じゃ) ありません。 [명사] 이/가 아닙니다.

<ruby>彼氏<rt>かれし</rt></ruby>
남자친구

<ruby>先生<rt>せんせい</rt></ruby>
선생님

<ruby>先輩<rt>せんぱい</rt></ruby>
선배

では(=じゃ) ありません。

문법 표현 Expression

05 　명사 の　[명사]인 (동격), [명사]의 (소속, 소유)

① ~인 (동격)

<ruby>指導教授<rt>し どうきょうじゅ</rt></ruby> 지도 교수	<ruby>中村先生<rt>なかむらせんせい</rt></ruby> 나카무라 선생님
<ruby>交換留学生<rt>こうかんりゅうがくせい</rt></ruby> 교환 학생	ナターシャ 나타샤
メンター 멘토	<ruby>イ先輩<rt>せんぱい</rt></ruby> 이 선배

の

② ~의 (소속, 소유)

<ruby>留学生会<rt>りゅうがくせいかい</rt></ruby> 유학생회	<ruby>会長<rt>かいちょう</rt></ruby> 회장
<ruby>学校<rt>がっこう</rt></ruby> 학교	<ruby>後輩<rt>こうはい</rt></ruby> 후배
サークル 동아리	<ruby>友達<rt>ともだち</rt></ruby> 친구

の

06 　<ruby>専攻<rt>せん こう</rt></ruby>は <ruby>何<rt>なん</rt></ruby>ですか。 전공은 무엇입니까?

전공 관련 어휘			
법학	<ruby>法学<rt>ほうがく</rt></ruby>	간호학	<ruby>看護学<rt>かん ご がく</rt></ruby>
경영학	<ruby>経営学<rt>けいえいがく</rt></ruby>	일본학	<ruby>日本学<rt>に ほんがく</rt></ruby>
경제학	<ruby>経済学<rt>けいざいがく</rt></ruby>	사회학	<ruby>社会学<rt>しゃかいがく</rt></ruby>
관광비즈니스	<ruby>観光<rt>かんこう</rt></ruby>ビジネス	의학	<ruby>医学<rt>い がく</rt></ruby>
방송학	<ruby>放送学<rt>ほうそうがく</rt></ruby>	건축학	<ruby>建築学<rt>けんちくがく</rt></ruby>
정보통신학	<ruby>情報通信学<rt>じょうほうつうしんがく</rt></ruby>	전자공학	<ruby>電子工学<rt>でん し こうがく</rt></ruby>
정치학	<ruby>政治学<rt>せい じ がく</rt></ruby>	복지학	<ruby>福祉学<rt>ふくし がく</rt></ruby>

학년	
신입생	<ruby>新入生<rt>しんにゅうせい</rt></ruby>
1학년	<ruby>1年生<rt>いちねんせい</rt></ruby>
2학년	<ruby>2年生<rt>に ねんせい</rt></ruby>
3학년	<ruby>3年生<rt>さんねんせい</rt></ruby>
4학년	<ruby>4年生<rt>よ ねんせい</rt></ruby>

A 보기

보기와 같이 연습해 봅시다. 🎧 01-03

はじめまして。<u>ワン・アリョ</u>です。

_{せんこう} _{かんこう} _{ねが}
専攻は <u>観光ビジネス</u>です。よろしく お願いします。

ワン・アリョ / 観光ビジネス _{かんこう}

❶ イ・ジュンス / 経営学 _{けいえいがく}

❷ ナターシャ・アレクサンドラ / 政治学 _{せいじがく}

❸ 山田 / 医学 _{やまだ} _{いがく}

❹ 橋本 / 建築学 _{はしもと} _{けんちくがく}

❺ 鈴木 / 放送学 _{すずき} _{ほうそうがく}

❻ 吉本 / 福祉学 _{よしもと} _{ふくしがく}

단어와 표현

経営学 경영학 | 政治学 정치학 | 医学 의학 | 建築学 건축학 | 放送学 방송학 | 福祉学 복지학
_{けいえいがく} _{せいじがく} _{いがく} _{けんちくがく} _{ほうそうがく} _{ふくしがく}

B
보기

보기와 같이 연습해 봅시다.

🎧 01-04

A：韓国人<ruby>かんこくじん</ruby>ですか。

B：はい、そうです。

いいえ、韓国人<ruby>かんこくじん</ruby>では ありません。

(= 韓国人<ruby>かんこくじん</ruby>じゃ ありません)

❶ 日本人<ruby>にほんじん</ruby>ですか。

❷ 中国人<ruby>ちゅうごくじん</ruby>ですか。

❸ アメリカ人<ruby>じん</ruby>ですか。

❹ イタリア人<ruby>じん</ruby>ですか。

단어와
표현

韓国人<ruby>かんこくじん</ruby> 한국인 | **日本人**<ruby>にほんじん</ruby> 일본인 | **中国人**<ruby>ちゅうごくじん</ruby> 중국인 | **アメリカ人**<ruby>じん</ruby> 미국인 | **イタリア人**<ruby>じん</ruby> 이탈리아인

C 보기와 같이 연습해 봅시다.

보기

🎧 01-05

A : 彼は 会社員ですか。

B : はい、彼は 会社員です。

いいえ、彼は 会社員では ありません。

(= 会社員じゃ ありません)

彼／会社員

❶ 彼は 医者ですか。

❷ 彼女は 歌手ですか。

❸ キムさんは 運転手ですか。

❹ 中村さんは モデルですか。

단어와
표현

彼 그, 그 남자 | 会社員 회사원 | 医者 의사 | 彼女 그녀, 그 여자 | 歌手 가수 | 運転手 운전수 | モデル 모델

01 다음 한자를 히라가나로 써 보세요.

보기

先生 ⇒ | せ | ん | せ | い |

❶ 学生

❷ 自己紹介

❸ 専攻

❹ 観光

❺ 新入生

02 다음 대화를 잘 듣고, 질문에 답해 보세요.

🎧 01-06

❶ 장 씨는 몇 학년입니까?

① 1학년　② 2학년　③ 3학년　④ 4학년

❷ 전공은 무엇입니까?

① 정치　② 경제　③ 관광　④ 경영

❸ 국적은 어디입니까?

① 미국　② 중국　③ 한국　④ 일본

작문 Writing

01 다음 문장을 일본어로 써 보세요.

❶ 처음 뵙겠습니다. 잘 부탁드립니다.

❷ 전공은 관광비지니스입니다. (혹은 자신의 전공 넣어 보기)

❸ 이쪽은 나카무라 선생님입니다. (혹은 자신의 선생님 성함 넣어 보기)

❹ 그녀는 한국인이 아닙니다.

❺ 그는 일본인이 아닙니다.

학생입니까?

그림을 보면서 다음과 같이 이야기해 보세요.　🎧 01-07

A : 学生^{がくせい}ですか。

B : はい、学生^{がくせい}です。

　　いいえ、学生^{がくせい}では ありません（＝学生^{がくせい}じゃ ありません）。

学生（がくせい）
학생

先生（せんせい）
선생님

会社員（かいしゃいん）
회사원

公務員（こうむいん）
공무원

記者（きしゃ）
기자

主婦（しゅふ）
주부

作家（さっか）
작가

看護師（かんごし）
간호사

パティシエ 파티셰	モデル 모델	タレント 탤런트	アイドル 아이돌

スチュワーデス 스튜어디스	パイロット 파일럿	プログラマー 프로그래머	デザイナー 디자이너

軍人 군인	選手 선수	コーチ 코치	医者 의사

01 다음 한자를 읽고 그 뜻을 써 보세요.

보기

先輩 ⇨ せんぱい 선배

① 教授 --------- --------- ---------

② 中国人 --------- --------- ---------

③ 医者 --------- --------- ---------

④ 友達 --------- --------- ---------

⑤ 政治学 --------- --------- ---------

02 밑줄 친 부분에 해당하는 어휘, 표현을 쓰세요.

① <u>이쪽은</u> ワンさんです。 --------- --------- --------- ---------

せんこう
② 専攻は <u>무엇입니까?</u> --------- --------- --------- ---------

に ほんじん
③ 日本人<u>이 아닙니다.</u> --------- --------- --------- ---------

りゅうがくせいかい   かいちょう
④ 留学生会<u>의</u> 会長 --------- --------- --------- ---------

03 다음 문장을 일본어로 써 보세요.

① 신입생입니까? --------- --------- --------- ---------

② 전공은 일본어입니다. --------- --------- --------- ---------

③ 그는 선배가 아닙니다. --------- --------- --------- ---------

だい　か
第 2 課

でん　わ　ばん　ごう　　　　　なん　ばん
電話番号は 何番ですか。

전화번호는 몇 번입니까?

학습 목표

지시대명사와 소유대명사, 전화번호 묻고 답하기

핵심 문장

これは だれのですか。
이것은 누구의 것입니까?

なん　　ほん
何の 本ですか。
무슨 책입니까?

でん わ ばんごう　　　なんばん
電話番号は 何番ですか。
전화번호는 몇 번입니까?

マイン オ!! 最新型(さいしんがた)の スマホ! これ、だれの?

アリョ 私(わたし)のです。留学記念(りゅうがくきねん) プレゼント。

ナターシャ これは 何(なん)の アプリ?

アリョ 日本語(にほんご)の スタディーアプリ。

ナターシャ すごい!

アリョ マインの 電話番号(でんわばんごう)は 何番(なんばん)ですか。

マイン 090 - 9134 - 5672。アリョの 電話番号(でんわばんごう)は?

アリョ 080 - 7526 - 8839です。

マイン ナターシャの 電話番号(でんわばんごう)は?

ナターシャ 090 - 3298 - 5576です。

단어와 표현

最新型(さいしんがた) 최신형 | スマホ 「スマートフォン(스마트폰)」의 준말 | これ 이것 | だれ 누구 | ~の ~의, ~의 것 | 留学(りゅうがく) 유학 | 記念(きねん) 기념 | プレゼント 선물 | 何の(なんの) 무슨 | アプリ 앱, 어플 | 日本語(にほんご) 일본어 | スタディー 스터디 | すごい 굉장하다, 멋지다 | 電話番号(でんわばんごう) 전화번호 | 何番(なんばん) 몇 번

문법 표현 Expression

01 これ / それ / あれ / どれ 이것/그것/저것/어느 것

これは 本です。
책

それは スマホです。
스마트폰

あれは かばんです。
가방

これ 이것	それ 그것	あれ 저것	どれ 어느 것
こちら 이쪽	そちら 그쪽	あちら 저쪽	どちら 어느 쪽
こんな 이런	そんな 그런	あんな 저런	どんな 어떤
この 이	その 그	あの 저	どの 어느
ここ 여기	そこ 거기	あそこ 저기	どこ 어디

02 何の 명사 ですか。 무슨 [명사]입니까?

何の アプリ ですか。
　　 앱

　　授業
じゅぎょう
　　 수업

　　本
ほん
　　 책

60

03 ～の ～의 것 (소유대명사)

これは 先輩 （せんぱい） 선배　　　の　　です。

それは 私 （わたし）　　　　　　です。

あれは 先生 （せんせい） 선생님　　　　です。

これは だれ 누구　　　　　　ですか。

04 だれ 누구

彼女は （かのじょ） 그녀　　だれ　　ですか。

あの 先生は （せんせい）　　　　ですか。

あの 人は （ひと） 사람　　　　　ですか。

문법 표현 Expression

05 電話番号は 何番ですか。전화번호는 몇 번입니까?

イ<ruby>先輩<rt>せんぱい</rt></ruby>の
<ruby>事務室<rt>じむしつ</rt></ruby>の 사무실
<ruby>図書館<rt>としょかん</rt></ruby>の 도서관

<ruby>電話番号<rt>でんわばんごう</rt></ruby>は <ruby>何番<rt>なんばん</rt></ruby>ですか。

06 전화번호 말하기

イ<ruby>先輩<rt>せんぱい</rt></ruby>	の <ruby>電話番号<rt>でんわばんごう</rt></ruby>は	010 - 3579 - 2468	です。
<ruby>事務室<rt>じむしつ</rt></ruby>		03 - 6543 - 1298	
<ruby>図書館<rt>としょかん</rt></ruby>		02 - 546 - 1679	

숫자 1~10					
0 ゼロ・れい・まる	1 いち	2 に	3 さん	4 よん・し	5 ご
6 ろく	7 なな・しち	8 はち	9 きゅう・く	10 じゅう	

A
보기

보기와 같이 연습해 봅시다.

🎧 02-03

A : これは 何^{なん}ですか。

B : それは <u>スマートフォン</u>です。

スマートフォン

❶ これは 何^{なん}ですか。

本^{ほん}

❷ これは 何^{なん}ですか。

かさ

❸ それは 何^{なん}ですか。

新聞^{しんぶん}

❹ あれは 何^{なん}ですか。

めがね

단어와
표현

本^{ほん} 책 | かさ 우산 | 新聞^{しんぶん} 신문 | めがね 안경

B
보기

보기와 같이 연습해 봅시다. 🎧 02-04

A : 何^{なん}の アプリですか。

B : ショッピングの アプリです。

ショッピング/アプリ

---

❶ 何^{なん}の 雑誌^{ざっし}ですか。

ファッション/雑誌^{ざっし}

❷ 何^{なん}の 本^{ほん}ですか。

日本語^{にほんご}/本^{ほん}

❸ 何^{なん}の サイトですか。

旅行^{りょこう}/サイト

❹ 何^{なん}の 授業^{じゅぎょう}ですか。

英語^{えいご}/授業^{じゅぎょう}

단어와
표현

雑誌^{ざっし} 잡지 | 日本語^{にほんご} 일본어 | 旅行^{りょこう} 여행 | **サイト** 사이트 | 英語^{えいご} 영어 | 授業^{じゅぎょう} 수업

C 보기

보기와 같이 연습해 봅시다.

🎧 02-05

A : 中村さんの 電話番号は 何番ですか。

B : <u>010 - 3542 - 9867</u>です。

010-3542-9867

---

❶ 病院の 電話番号は 何番ですか。

02-384-1620

❷ 会社の 電話番号は 何番ですか。

032-798-7042

❸ 学校の 電話番号は 何番ですか。

02-3290-3698

❹ 銀行の 電話番号は 何番ですか。

02-537-1684

단어와 표현

病院 병원 | **会社** 회사 | **学校** 학교 | **銀行** 은행

01 다음 한자를 히라가나로 써 보세요.

보기

先生 ⇨ | せ | ん | せ | い |

❶ 日本語 ☐☐☐☐

❷ 電話番号 ☐☐☐☐☐☐☐

❸ 留学 ☐☐☐☐☐

❹ 記念 ☐☐☐

02 다음 대화를 잘 듣고, 질문에 답해 보세요. 🎧 02-06

❶ 무슨 책입니까?

① 도서관　② 전공　③ 관광　④ 수업

❷ 전공은 무엇입니까?

① 영어　② 중국어　③ 일본어　④ 러시아어

❸ 이 책은 누구의 것입니까?

① 선배　② 후배　③ 선생님　④ 친구

작문 Writing

01 다음 문장을 일본어로 써 보세요.

❶ 이것은 선물입니다.

----

❷ 일본어 앱입니다.

----

❸ 그것은 제 것입니다.

----

❹ 전화번호는 몇 번입니까?

----

❺ 무슨 책입니까?

어휘 늘리기 Vocabulary

이것은 무엇입니까?

그림을 보면서 다음과 같이 이야기해 보세요. 🎧 02-07

보기

Ａ：これは 何ですか。

Ｂ：それは めがねです。

本
책

ボールペン
볼펜

つくえ
책상

いす
의자

ノートパソコン
노트북 컴퓨터

マウス
마우스

スマホ 스마트 폰
（スマートフォン）

新聞
신문

<ruby>財<rt>さい</rt>布<rt>ふ</rt></ruby>
지갑

<ruby>時<rt>と</rt>計<rt>けい</rt></ruby>
시계

めがね
안경

かさ
우산

かばん
가방

くつ
구두

<ruby>雑<rt>ざっ</rt>誌<rt>し</rt></ruby>
잡지

<ruby>車<rt>くるま</rt></ruby>
자동차

<ruby>自<rt>じ</rt>転<rt>てん</rt>車<rt>しゃ</rt></ruby>
자전거

カメラ
카메라

かぎ
열쇠

かがみ
거울

레벨업 테스트 Level Up Test

01 다음 한자를 읽고 그 뜻을 써 보세요.

先輩 ⇨ せんぱい 선배

① 事務室 _____

② 何番 _____

③ 図書館 _____

④ 雑誌 _____

⑤ 最新型 _____

02 밑줄 친 부분에 해당하는 어휘, 표현을 쓰세요.

① <u>이것은</u> 日本語の 本です。 _____

② <u>무슨</u> アプリですか。 _____

③ 電話番号は <u>몇 번입니까?</u> _____

④ あれは <u>누구의 것</u>ですか。 _____

03 다음 문장을 일본어로 써 보세요.

① 이것은 누구의 것입니까? _____

② 무슨 수업입니까? _____

③ 전화번호는 몇 번입니까? _____

いま なん じ
今 何時ですか。

지금 몇 시입니까?

시각 및 시간의 범위 표현과 권유 표현 익히기

핵심 문장

いま なん じ
今 何時ですか。

지금 몇 시입니까?

じゅぎょう なん じ なん じ
授業は 何時から 何時までですか。

수업은 몇 시부터 몇 시까지입니까?

コーヒーでも どうですか。

커피라도 어때요?

회화 Dialogue

ジュンス　アリョ、ナターシャ、おひさしぶり!!

アリョ、ナターシャ　先輩(せんぱい)!! おひさしぶりです。

ジュンス　次(つぎ)の 授業(じゅぎょう)は 何時(なんじ)から？

アリョ　午後(ごご) 4時(よじ)からです。

ナターシャ　私(わたし)も 4時(よじ)からです。

ジュンス　今(いま) 何時(なんじ)？

アリョ　ちょうど 1時(いちじ)です。

ジュンス　僕(ぼく)は 3時(さんじ)から アルバイト。

　　　　　じゃ、 2時(にじ) 半(はん)まで コーヒーでも どう？

アリョ、ナターシャ　いいですね。(うれしい!!)

단어와 표현

おひさしぶり 오래간만, 오랜만 | **先輩(せんぱい)** 선배 | **次(つぎ)** 다음 | **授業(じゅぎょう)** 수업 | **何時(なんじ)** 몇 시 | **午後(ごご)** 오후 | **4時(よじ)** 4시 | ~から ~부터 | **今(いま)** 지금 | **ちょうど** 정각, 마침 | **1時(いちじ)** 1시 | **僕(ぼく)** 나 | **アルバイト** 아르바이트 | **じゃ** 그럼 | **半(はん)** 반 | **コーヒー** 커피 | ~でも ~라도 | **どう** 어때 | **いい** 좋다 | ~ね 감동, 동의 등을 나타낼 때의 종지어 | **うれしい** 기쁘다, 신난다

문법 표현 Expression

01 　今 何時ですか。 지금 몇 시입니까?

① 時 시

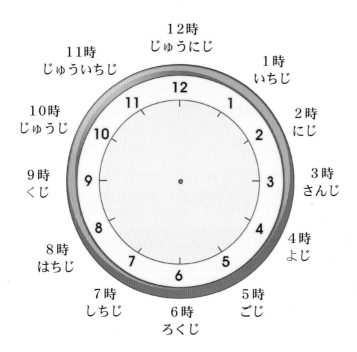

12時
じゅうにじ

11時
じゅういちじ

1時
いちじ

10時
じゅうじ

2時
にじ

9時
くじ

3時
さんじ

8時
はちじ

4時
よじ

7時
しちじ

5時
ごじ

6時
ろくじ

② 分 분

1分 いっぷん	2分 にふん	3分 さんぷん	4分 よんぷん	5分 ごふん
6分 ろっぷん	7分 しちふん ななふん	8分 はっぷん	9分 きゅうふん	10分 じっぷん じゅっぷん
20分 にじっぷん にじゅっぷん	30分 さんじっぷん さんじゅっぷん 半(はん)	40分 よんじっぷん よんじゅっぷん	50分 ごじっぷん ごじゅっぷん	何分 なんぷん 몇 분

시각과 관련된 표현

午前（ごぜん） 오전	ex) 午前（ごぜん） 9時（くじ） 오전 9시
午後（ごご） 오후	ex) 午後（ごご） 4時（よじ） 오후 4시
朝（あさ） 아침	ex) 朝（あさ） 7時（しちじ） 아침 7시
夜（よる） 저녁	ex) 夜（よる） 8時（はちじ） 저녁 8시
夜中（よなか） 한밤중	ex) 夜中（よなか）の 2時（にじ） 한밤중 2시
夜明け（よあ） 새벽 ≒ 明け方（あがた） 새벽	ex) 夜明け（よあ）の 5時（ごじ） 새벽 5시 ≒ 明け方（あがた）の 5時（ごじ）
前（まえ） 전	ex) 12時（じゅうにじ） 5分（ごふん） 前（まえ） 12시 5분 전
過ぎ（す） 지남	ex) 12時（じゅうにじ） 5分（ごふん） 過ぎ（す） 12시 5분 지남
後（ご） 후	ex) 1時間（いちじかん） 後（ご） 1시간 후
ちょうど 정각	ex) ちょうど 1時（いちじ） 정각 1시
半（はん） 반	ex) 9時（くじ） 半（はん） 9시 반

문법 표현 Expression

03 ～から ～まで   ～부터 ～까지

授業は 何時 ^{じゅぎょう　なんじ} 수업　　　몇 시	から	何時 ^{なんじ}	まで	ですか。
授業は 午前 9時 ^{じゅぎょう　ごぜん　くじ} 오전		午後 6時 半 ^{ごご　ろくじ　はん} 오후		です。
アルバイトは 何時 ^{なんじ} 아르바이트		何時 ^{なんじ}		ですか。

授業は 何時 **から** 何時 **まで** ですか。

授業は 午前 9時 午後 6時 半 です。

アルバイトは 何時 何時 ですか。

04 ～でも どう/どうですか   ～라도 어때/어때요(어떻습니까)?

いっしょに お茶
^{ちゃ}
함께, 같이　　　차

食事
^{しょくじ}
식사

ドライブ
드라이브

でも どう(ですか)。

* お酒 一杯
^{さけ　いっぱい}
술　　　한잔

どう(ですか)。

76

A 보기

보기와 같이 연습해 봅시다.

A : 今^{いま} 何時^{なんじ}ですか。

B : 5時^{ごじ} 15分^{じゅうごふん}です。

5:15

❶ 2:10

❷ 4:20

❸ 7:35

❹ 9:48

❺ 10:50

❻ 12:30

단어와
표현

今^{いま} 지금

패턴 연습 Exercise

B 보기

보기와 같이 연습해 봅시다. 🎧 03-04

A：銀行は 何時から 何時までですか。

B：午前 9時から 午後 4時までです。

AM 9:00~PM4:00

❶ 病院は 何時から 何時までですか。

AM9:00~PM6:00

❷ 図書館は 何時から 何時までですか。

AM9:30~PM7:00

❸ 学生食堂は 何時から 何時までですか。

AM7:00~PM8:00

❹ 授業は 何時から 何時までですか。

AM 9:00~9:50

❺ 郵便局は 何時から 何時までですか。

AM9:00~PM4:00

단어와 표현

病院 병원 | 図書館 도서관 | 学生食堂 학생 식당 | 授業 수업 | 郵便局 우체국

C 보기

보기와 같이 연습해 봅시다. 🎧 03-05

A : コーヒーでも どうですか。

B : いいですね。

コーヒー

① お茶
_{ちゃ}

② 食事
_{しょくじ}

③ ドライブ

④ ビール

⑤ 映画
_{えいが}

⑥ 散歩
_{さんぽ}

단어와
표현

お茶 차 | **食事** 식사 | **ドライブ** 드라이브 | **ビール** 맥주 | **映画** 영화 | **散歩** 산책

01 다음 한자를 히라가나로 써 보세요.

보기

先生 ⇨ | せ | ん | せ | い |

❶ 朝   □ □

❷ 午前   □ □ □

❸ 今   □ □

❹ 授業   □ □ □ □ □

❺ 次   □ □

02 다음 대화를 잘 듣고, 질문에 답해 보세요.   🎧 03-06

❶ 지금부터 무엇을 합니까?

① 수업   ② 데이트   ③ 산책   ④ 아르바이트

❷ 아르바이트는 몇 시부터입니까?

① 오전 9시   ② 오전 10시   ③ 오후 1시   ④ 오후 2시

❸ 무슨 아르바이트입니까?

① 영화관   ② 도서관   ③ 은행   ④ 식당

작문 Writing

01 다음 문장을 일본어로 써 보세요.

❶ 오후 한 시입니다.

❷ 아르바이트는 몇 시부터입니까?

❸ 수업은 몇 시까지입니까?

❹ 같이 식사라도 어때요?

❺ 드라이브는 어때요?

몇 시부터 몇 시까지예요?

그림을 보면서 다음과 같이 이야기해 보세요.　🎧 03-07

보기

A : 図書館は 何時から 何時までですか。

B : 午前 5時から 午後 11時までです。

図書館
AM5:00～PM11:00
도서관

食堂
AM11:30～PM10:00
식당

デパート
AM9:30～PM8:00
백화점

スーパー
AM9:30～PM11:00
슈퍼마켓

スポーツクラブ
AM6:00～AM12:00
스포츠 클럽

塾
AM6:00～PM10:30
학원

映画館
AM8:00〜PM11:50
영화관

カラオケ
AM11:00〜PM10:00
노래방

地下鉄
AM5:10〜PM11:55
지하철

コンビニ
２４時間営業
편의점

銀行
AM9:00〜PM4:00
은행

美容院
AM10:00〜PM9:00
미용실

本屋
AM10:00〜PM9:00
서점

コーヒーショップ
AM7:00〜PM10:00
커피숍

郵便局
AM9:00〜PM5:00
우체국

레벨업 테스트 Level Up Test

01 다음 한자를 읽고 그 뜻을 써 보세요.

> **보기**
>
> 先輩 ⇨ せんぱい 선배

① 半 --------------- ----------

② 食堂 --------------- ----------

③ 酒 --------------- ----------

④ 病院 --------------- ----------

⑤ 郵便局 --------------- ----------

02 밑줄 친 부분에 해당하는 어휘, 표현을 쓰세요.

① 今 <u>何時</u>ですか。

② 銀行は 午前 9時<u>から</u>です。

③ アルバイトは 午後 6時<u>まで</u>です。

④ お茶<u>でも</u> どう。

⑤ <u>次</u>の 授業は？

03 다음 문장을 일본어로 써 보세요.

① 지금 몇 시입니까?

② 다음 수업은 몇 시부터입니까?

③ 같이 산책이라도 어때요?

第4課

<ruby>第<rt>だい</rt></ruby> <ruby>4課<rt>か</rt></ruby>

お<ruby>誕生日<rt>たん じょう び</rt></ruby>は いつですか。

생일은 언제입니까?

학습 목표

날짜, 요일, 생일 관련 표현 익히기

핵심 문장

<ruby>今日<rt>きょう</rt></ruby>は <ruby>何月何日<rt>なんがつなんにち</rt></ruby>ですか。

오늘은 몇 월 며칠입니까?

<ruby>明日<rt>あした</rt></ruby>は <ruby>何曜日<rt>なんようび</rt></ruby>ですか。

내일은 무슨 요일입니까?

お<ruby>誕生日<rt>たんじょうび</rt></ruby>は いつですか。

생일은 언제입니까?

회화 Dialogue

ナターシャ 先生、日本語の 中間テストは いつですか。

中村 来週の 水曜日です。

アリョ 来週の 水曜日?!!

ナターシャ 来週の 水曜日は… 4月 23日。アリョの 誕生日じゃ ない？

アリョ そう。私の 誕生日。

マイン アリョの 誕生日？ お誕生日 おめでとう!!

じゃ、テストの 後、お祝い パーティーでも どう？

ナターシャ いいですね!! みんなと いっしょに お祝い パーティー!!

アリョ みんな 本当に ありがとう。

단어와 표현

先生 선생님 | 日本語 일본어 | 中間 중간 | テスト 테스트 | いつ 언제 | 来週 다음 주 | 水曜日 수요일 | 誕生日 생일 | ～じゃ ない ~이지 않아? | おめでとう 축하해 | 後 후 | お祝い 축하 | パーティー 파티 | ～でも ~라도 | どう 어때 | みんな 모두 | ～と ~와/과 | いっしょに 함께, 같이 | 本当に 정말로 | ありがとう 고마워

문법 표현 Expression

01　いつですか。 언제입니까?

_{たんじょう び}
お誕生日は
생일

_{なつやす}
夏休みは
여름 방학

_{そつぎょうしき}
卒業式は
졸업식

いつですか。

02　何月　_{なん　がつ} 몇 월

1月 いちがつ 1월	2月 にがつ 2월	3月 さんがつ 3월	4月 しがつ 4월
5月 ごがつ 5월	6月 ろくがつ 6월	7月 しちがつ 7월	8月 はちがつ 8월
9月 くがつ 9월	10月 じゅうがつ 10월	11月 じゅういちがつ 11월	12月 じゅうにがつ 12월

03 何日 며칠

1日 ついたち 1일	2日 ふつか 2일	3日 みっか 3일	4日 よっか 4일	5日 いつか 5일	6日 むいか 6일	7日 なのか 7일
8日 ようか 8일	9日 ここのか 9일	10日 とおか 10일	11日 じゅういち にち 11일	12日 じゅうに にち 12일	13日 じゅうさん にち 13일	14日 じゅう よっか 14일
15日 じゅうご にち 15일	16日 じゅうろく にち 16일	17日 じゅうしち にち 17일	18日 じゅうはち にち 18일	19日 じゅうく にち 19일	20日 はつか 20일	21日 にじゅう いちにち 21일
22日 にじゅう ににち 22일	23日 にじゅう さんにち 23일	24日 にじゅう よっか 24일	25日 にじゅう ごにち 25일	26日 にじゅう ろくにち 26일	27日 にじゅう しちにち 27일	28日 にじゅう はちにち 28일
29日 にじゅう くにち 29일	30日 さんじゅう にち 30일	31日 さんじゅう いちにち 31일				

04 何曜日 무슨 요일

月曜日 げつようび 월요일	火曜日 かようび 화요일	水曜日 すいようび 수요일	木曜日 もくようび 목요일	金曜日 きんようび 금요일	土曜日 どようび 토요일	日曜日 にちようび 일요일

문법 표현 Expression

05 시일 관련 표현

一昨日 おととい 그저께	昨日 きのう 어제	今日 きょう 오늘	明日 あした 내일	明後日 あさって 모레
先々週 せんせんしゅう 지지난주	**先週** せんしゅう 지난주	**今週** こんしゅう 이번 주	**来週** らいしゅう 다음 주	**再来週** さらいしゅう 다음다음 주
一昨年 おととし 재작년	去年 きょねん 작년	今年 ことし 올해	来年 らいねん 내년	再来年 さらいねん 내후년

06 ～と ~와/과

せんせい 先生 선생님 せんぱい 先輩 선배 かんこく 韓国 한국	と	がくせい 学生 학생 こうはい 後輩 후배 に ほん 日本 일본

A
보기

보기와 같이 연습해 봅시다.

 04-03

A : <u>中村さんの</u> お誕生日は いつですか。

B : <u>4月 20日</u>です。

中村 / 4月 20日

❶ ワン・アリョ / 6月 8日

❷ 鈴木 / 7月 31日

❸ 遠藤 / 11月 1日

❹ 橋本 / 9月 5日

❺ 田中 / 3月 14日

❻ キム・ジュウォン / 12月 10日

단어와
표현

お誕生日 생일(「お」를 더하여 존경, 친애의 뜻을 나타냄)

패턴 연습 Exercise

B 보기

보기와 같이 연습해 봅시다.

A : 何月 何日 何曜日ですか。
<small>なんがつ なんにち なんようび</small>

B : <u>4月 3日 日曜日</u>です。
<small>し がつ みっか にちようび</small>

4月 3日 日曜日
<small>し がつ みっか にちようび</small>

---

❶ 3月 2日 水曜日
<small>すいようび</small>

❷ 4月 7日 木曜日
<small>もくようび</small>

❸ 5月 9日 月曜日
<small>げつようび</small>

❹ 6月 24日 金曜日
<small>きんようび</small>

❺ 8月 6日 土曜日
<small>どようび</small>

❻ 10月 4日 火曜日
<small>かようび</small>

C 보기 보기와 같이 연습해 봅시다.

🎧 04-05

A : 休<small>やす</small>みは いつから いつまでですか。

B : 休<small>やす</small>みは 7月<small>しちがつ</small> 31日<small>さんじゅういちにち</small>から 8月<small>はちがつ</small> 6日<small>むいか</small>までです。

休<small>やす</small>み: 7/31～8/6

❶ テスト : 4/19～4/23

❷ 雪祭<small>ゆきまつ</small>り : 2/7～2/13

❸ コンサート : 3/20～4/10

❹ ミュージカル公演<small>こうえん</small> : 2/14～5/29

❺ 夏休<small>なつやす</small>み : 7/10～8/30

❻ 冬休<small>ふゆやす</small>み : 12/10～2/28

단어와 표현

休<small>やす</small>み 휴일 | テスト 시험 | 雪祭<small>ゆきまつ</small>り 눈 축제 | コンサート 콘서트 | ミュージカル 뮤지컬 | 公演<small>こうえん</small> 공연 | 夏休<small>なつやす</small>み 여름 방학 | 冬休<small>ふゆやす</small>み 겨울 방학

01 다음 한자를 히라가나로 써 보세요.

先生 ⇨ | せ | ん | せ | い |

❶ 今日 □□□

❷ 土曜日 □□□□

❸ 誕生日 □□□□□□

❹ 来週 □□□□

❺ 祝い □□□

02 다음 대화를 잘 듣고, 질문에 답해 보세요. 🎧 04-06

❶ 나타샤의 생일은 언제입니까?

① 4월 7일   ② 4월 10일   ③7월 7일   ④ 7월 10일

❷ 마인의 생일은 언제입니까?

① 1월 14일   ② 2월 14일   ③ 3월 14일   ④ 4월 14일

❸ 이 선배(준수)의 생일은 언제입니까?

① 5월4일   ② 5월 8일   ③ 5월 10일   ④ 5월 20일

작문 Writing

01 다음 문장을 일본어로 써 보세요.

❶ 생일은 언제입니까?

------

❷ 오늘은 며칠입니까?

------

❸ 내일은 무슨 요일입니까?

------

❹ 다음 주 토요일은 몇 월 며칠입니까?

------

❺ 친구와 함께 파티라도 어때요?

어휘 늘리기 Vocabulary

별자리(띠)는 무엇입니까?

1. 그림을 보면서 다음과 같이 이야기해 보세요.

🎧 04-07

A : お誕生日は いつですか。
<small>たんじょうび</small>

B : 10月 31日です。
<small>じゅう がつ さんじゅういちにち</small>

A : じゃ、さそりざですか。

B : はい、そうです。

星座 별자리
<small>せい ざ</small>

牡羊座 3/21〜4/19 生まれ 양자리	牡牛座 4/20〜5/20 生まれ 황소자리	双子座 5/21〜6/21 生まれ 쌍둥이자리	蟹座 6/22〜7/22 生まれ 게자리
獅子座 7/23〜8/22 生まれ 사자자리	乙女座 8/23〜9/22 生まれ 처녀자리	天秤座 9/23〜10/23 生まれ 천칭자리	蠍座 10/24〜11/22 生まれ 전갈자리
射手座 11/23〜12/21 生まれ 궁수자리	山羊座 12/22〜1/19 生まれ 염소자리	水瓶座 1/20〜2/18 生まれ 물병자리	魚座 2/19〜3/20 生まれ 물고기자리

2. 그림을 보면서 다음과 같이 이야기해 보세요. 🎧 04-08

보기

A : 中村さんは 何年ですか。

B : 私は ねずみ、ねずみどしです。

干支 띠

 子年 쥐띠	 丑年 소띠	 寅年 호랑이띠	 卯年 토끼띠
 辰年 용띠	 巳年 뱀띠	 午年 말띠	 未年 양띠
 申年 원숭이띠	 酉年 닭띠	 戌年 개띠	 亥年 돼지띠

01 다음 한자를 읽고 그 뜻을 써 보세요.

보기

先輩 ⇨ せんぱい 선배

① 学生 ----------

② 夏休み ----------

③ 卒業式 ----------

④ 明日 ----------

⑤ 何曜日 ----------

02 밑줄 친 부분에 해당하는 어휘, 표현을 쓰세요.

① 今日(きょう)は 며칠ですか。 ----------

② 다음 주の 金曜日(きんようび)は 休(やす)みです。 ----------

③ お誕生日(たんじょうび)は 언제ですか。 ----------

④ 先生(せんせい)과 いっしょに ----------

03 다음 문장을 일본어로 써 보세요.

① 선생님의 생일(생신)은 언제입니까? ----------

② 내일은 무슨 요일입니까? ----------

③ 여름 방학은 몇 월 며칠부터입니까? ----------

第 5 課
だい か

まい にち たの
毎日 楽しいです。

매일 즐겁습니다.

い형용사의 어휘와 기본 활용형 익히기

핵심 문장

まいにち たの
毎日 楽しいです。

매일 즐겁습니다.

せいせき   よ
成績は あまり 良く ないです。

성적은 별로 좋지 않습니다.

おお   いそが
レポートが 多くて、いつも 忙しいです。

리포트가 많아서 항상 바쁩니다.

회화 Dialogue

ジュンス マインは 留学生活 どう？

マイン 毎日 楽しいです。新しい 環境の 中、時々 苦しいですけど。

ジュンス どんな 時が 苦しい？

マイン 宿題や レポートが 多くて、いつも 忙しいです。

また、物価が 高くて、生活に 余裕が ないです。

ジュンス 日本の 物価は 本当に 高いね。

アリョは どう？ 留学生活？ 寂しくない？

アリョ 全然 寂しく ないです。いい 友達と 優しい 先輩の おかげで。

ジュンス それは 良かったね。勉強は 難しくない？ 中間テストの 成績は？

アリョ 成績は あまり 良く ないです。でも 大丈夫です。

ジュンス ハハ、アリョは いつも 明るくて、本当に いいね。

단어와 표현

留学 유학 | 生活 생활 | どう 어때 | 毎日 매일 | 楽しい 즐겁다 | 新しい 새롭다 | 環境 환경 | 中 속, 안 | 時々 때때로 | 苦しい 괴롭다 | ~けど ~지만 | どんな 어떤 | 時 때 | ~が ~이/가 | 宿題 숙제 | ~や ~랑 | レポート 리포트 | 多い 많다 | いつも 언제나, 항상 | 忙しい 바쁘다 | また 또 | 物価 물가 | 高い 비싸다, 높다 | ~に ~에 | 余裕 여유 | ない 없다 | 日本 일본 | 本当に 정말로 | 寂しい 쓸쓸하다, 외롭다 | 寂しく ない 외롭지 않다 | 全然 전혀 | いい 좋다 | 友達 친구 | 優しい 자상하다, 상냥하다 | 先輩 선배 | おかげで 덕택에 | 良かったね 다행이네 | 勉強 공부 | 難しい 어렵다 | 中間テスト 중간 시험 | 成績 성적 | あまり 별로 | 良く ない 좋지 않다 | でも 하지만, 그래도 | 大丈夫だ 괜찮다 | 明るい 밝다

문법 표현 Expression

01 い형용사 기본 어휘 (い형용사의 기본형 : い형용사 어간 + い)

おお
大きい
크다

たか
高い
비싸다, 높다

あか
明るい
밝다

むずか
難しい
어렵다

いそが
忙しい
바쁘다

02 い형용사 기본형 + です (い형용사의 정중형) ~습니다

いそが
いつも 忙しい
항상 　　바쁘다

です。

に ほん ご　　べんきょう　　おもしろ
日本語の 勉強は 面白い
　　　　　　공부　　재미있다

かん じ　　むずか
漢字は 難しい
한자　　어렵다

03 い형용사 어간 + く ない (い형용사의 부정형) ~지 않다

さび
寂し
さびしい 외롭다

く ない

むずか
難し
むずかしい 어렵다

たの
楽し
たのしい 즐겁다

04 い형용사 어간 ＋ く ないです/く ありません

(い형용사의 부정형의 정중형) ~지 않습니다

寂し（さび）
難し（むずか）
楽し（たの）

く ないです / く ありません

05 い형용사 기본형 ＋ 명사 (い형용사의 수식형) ~한 [명사]

新（あたら）しい 車（くるま）
새로운　　차

面白（おもしろ）い 授業（じゅぎょう）
재미있는　　수업

難（むずか）しい 漢字（かんじ）
어려운　　한자

06 い형용사 어간 ＋ くて (い형용사의 나열, 이유의 연결형) ~고, ~서

①나열

先輩（せんぱい）は 優（やさ）しくて 頭（あたま）も いいです。
やさしい 자상하다 머리 도 좋다

学生食堂（がくせいしょくどう）は 安（やす）くて おいしいです。
やすい 싸다　　맛있다

②이유

駅（えき）が 近（ちか）くて、 いいです。
역　 ちかい 가깝다 좋다

物価（ぶっか）が 高（たか）くて、 苦（くる）しいです。
물가　　たかい 비싸다　　괴롭다

문법 표현 Expression

07　いい (良い)의 활용

① い형용사 いい(良い)의 부정형

天気が いく ない。(✕)
날씨

天気が 良く ない。(○)

② い형용사 いい(良い) 부정형의 정중형

天気が いく ないです。(✕)
天気が 良く ないです/良く ありません。(○)

③ い형용사 いい(良い)의 명사 수식형

いい 天気 (○)
良い 天気 (○)

④ い형용사 いい(良い)의 연결형

天気が いくて(✕)
天気が 良くて(○)

패턴 연습 Exercise

A
보기

보기와 같이 연습해 봅시다.

🎧 05-03

A : パソコンは 新^{あたら}しいですか。

B : いいえ、新^{あたら}しく ないです。

(＝新^{あたら}しく ありません)

パソコン / 新^{あたら}しい

❶ 教室^{きょうしつ} / 広^{ひろ}い

❷ 今日^{きょう} / 寒^{さむ}い

❸ 日本語^{にほんご} / 難^{むずか}しい

❹ 漢字^{かんじ} / 易^{やさ}しい

❺ スカート / 長^{なが}い

❻ 駅^{えき} / 近^{ちか}い

단어와
표현

パソコン 컴퓨터 | 新^{あたら}しい 새롭다 | 教室^{きょうしつ} 교실 | 広^{ひろ}い 넓다 | 今日^{きょう} 오늘 | 寒^{さむ}い 춥다 | 難^{むずか}しい 어렵다 | 漢字^{かんじ}
한자 | 易^{やさ}しい 쉽다 | スカート 치마 | 長^{なが}い 길다 | 駅^{えき} 역 | 近^{ちか}い 가깝다

B 보기

보기와 같이 연습해 봅시다. 🎧 05-04

A : この ___ケーキ___ は とても ___おいしい___ですね。

B : そうですね。 ___おいしい___ ___ケーキ___ですね。

ケーキ/おいしい

❶ この 冬（ふゆ）/寒（さむ）い

❷ この キムチ/辛（から）い

❸ あの 会社（かいしゃ）/大（おお）きい

❹ この 車（くるま）/新（あたら）しい

단어와 표현

この 이 | ケーキ 케이크 | とても 매우, 아주 | おいしい 맛있다 | 〜ですね ~군요, ~네요 | そうですね 그
렇군요, 그러네요 | 冬（ふゆ） 겨울 | キムチ 김치 | 辛（から）い 맵다 | あの 저 | 会社（かいしゃ） 회사 | 大（おお）きい 크다 | 車（くるま） 자동차

C 보기 보기와 같이 연습해 봅시다. 🎧 05-05

A : どんな 店ですか。

B : 安くて おいしい 店です。

店 / 安い・おいしい

❶ かばん / 大きい・高い

❷ キムチ / 辛い・おいしい

❸ スマートフォン / 新しい・安い

₩1000

❹ 部屋 / 明るい・広い

단어와 표현

どんな~ 어떤~ | 店 가게 | 安い 싸다 | 部屋 방 | 明るい 밝다 | 広い 넓다

01 다음 한자를 히라가나로 써 보세요.

보기

先生 ⇨ | せ | ん | せ | い |

① 物価 　□ □ □

② 環境 　□ □ □ □ □

③ 駅 　□ □

④ 時々 　□ □ □ □

⑤ 漢字 　□ □ □

02 다음 대화를 잘 듣고, 질문에 답해 보세요.　🎧 05-06

① 마인은 전공 공부에 대해 무엇이라고 합니까?

　① 어렵지 않다　② 재미없다　③ 어렵지 않지만 재미없다　④ 어렵지만 재미있다

② 나타샤는 왜 바쁩니까?

　① 아르바이트가 많아서　② 발표가 많아서　③ 숙제가 많아서　④ 친구가 많아서

③ 마인과 나타샤는 일본어 공부에서 무엇을 어려워합니까?

　① 문법　② 한자　③ 청취　④ 숙제

작문 Writing

다음 문장을 일본어로 써 보세요.

1 때때로 외롭습니다.

2 리포트가 많아서 괴롭습니다.

3 일본의 물가는 비쌉니다.

4 일본어는 어렵지 않습니다.

5 선생님은 자상하고 재미있습니다.

어휘 늘리기 Vocabulary

い형용사

🎧 05-07

보기

그림을 보면서 다음과 같이 이야기해 보세요.

A：大きいですか。

B：はい、大きいです。

いいえ、大きく ないです(= 大きく ありません)。

いい 좋다	悪い 나쁘다	面白い 재미있다	つまらない 재미없다
大きい 크다	小さい 작다	高い 비싸다	安い 싸다

高い 높다	低い 낮다	新しい 새롭다	古い 오래되다, 낡다

強<ruby>つよ</ruby>い 강하다	弱<ruby>よわ</ruby>い 약하다	長<ruby>なが</ruby>い 길다	短<ruby>みじか</ruby>い 짧다

暑<ruby>あつ</ruby>い 덥다	寒<ruby>さむ</ruby>い 춥다	暖<ruby>あたた</ruby>かい 따뜻하다	涼<ruby>すず</ruby>しい 선선하다

熱<ruby>あつ</ruby>い 뜨겁다	冷<ruby>つめ</ruby>たい 차갑다	広<ruby>ひろ</ruby>い 넓다	狭<ruby>せま</ruby>い 좁다

明<ruby>あか</ruby>るい 밝다	暗<ruby>くら</ruby>い 어둡다	楽<ruby>たの</ruby>しい 즐겁다	悲<ruby>かな</ruby>しい 슬프다

01 다음 한자를 읽고 그 뜻을 써 보세요.

보기

先輩 ⇨ せんぱい 선배

① 成績 _ _ _ _ _ _ _ _ _ _   _ _ _ _ _ _ _ _

② 宿題 _ _ _ _ _ _ _ _ _ _   _ _ _ _ _ _ _ _

③ 生活 _ _ _ _ _ _ _ _ _ _   _ _ _ _ _ _ _ _

④ 忙しい _ _ _ _ _ _ _ _ _   _ _ _ _ _ _ _ _

⑤ 楽しい _ _ _ _ _ _ _ _ _   _ _ _ _ _ _ _ _

02 밑줄 친 부분에 해당하는 어휘, 표현을 쓰세요.

① <u>새로운</u> スマートフォン _ _ _ _ _ _ _ _ _ _ _ _ _ _ _ _ _ _

② <u>비싸지 않아서</u> いいです。 _ _ _ _ _ _ _ _ _ _ _ _ _ _ _ _ _ _

③ <u>전혀</u> 難^{むずか}しく ありません。 _ _ _ _ _ _ _ _ _ _ _ _ _ _ _ _ _ _

④ あまり <u>좋지 않습니다</u>。 _ _ _ _ _ _ _ _ _ _ _ _ _ _ _ _ _ _

⑤ 先生^{せんせい}の <u>덕택에(덕분에)</u>. _ _ _ _ _ _ _ _ _ _ _ _ _ _ _ _ _ _

03 다음 문장을 일본어로 써 보세요.

① 일본어 공부는 재미있습니다. _ _ _ _ _ _ _ _ _ _ _ _ _ _ _ _ _ _

② 성직은 별로 솣지 않습니다. _ _ _ _ _ _ _ _ _ _ _ _ _ _ _ _ _ _

③ 그녀는 밝고 상냥(자상)합니다. _ _ _ _ _ _ _ _ _ _ _ _ _ _ _ _ _ _

だい か

どんな 音楽が 好きですか。

おん がく　　す

어떤 음악을 좋아합니까?

학습 목표

な형용사의 어휘와 기본 활용형 익히기

핵심 문장

どんな 音楽が 好きですか。

おん がく　　す

어떤 음악을 좋아합니까?

あまり 有名じゃ ないです。

ゆうめい

그다지 유명하지 않습니다.

先輩は 真面目で 親切な 人です。

せんぱい　　ま じ め　　しんせつ　　ひと

선배는 성실하고 친절한 사람입니다.

회화 Dialogue

ジュンス ナターシャは どんな 音楽が 好き？

ナターシャ 私は 静かな バラードが 好きです。

ジュンス アリョは どんな 音楽が 好き？

アリョ 日本の アニメの OSTが 好きです。

特に 宮崎ハヤオ 監督の…。

ナターシャ 私も スタジオジブリの 音楽 大好き。

『ハウルの 動く 城』とか 『隣の トトロ』とか。

静かで すてきな 音楽が いっぱい。

アリョ マイン 先輩は？ どんな 音楽が 好きですか。

マイン 僕は 情熱的な ムードの K-popが 好き。

K-popは ベトナムでも 大人気だよ。

단어와 표현

どんな 어떤 | 音楽 음악 | 好きだ 좋아하다 | 静かだ 조용하다 | バラード 발라드 | 日本 일본 | アニメ (「アニメーション」의 줄임말) 애니메 | 特に 특히 | 監督 감독 | スタジオ 스튜디오 | 大好きだ 매우 좋아하다 | 動く 움직이다 | 城 성 | ～とか ~라든가 | 隣 이웃, 옆 | すてきだ 멋지다 | いっぱい 가득 | 情熱的だ 정열적이다 | ムード 무드, 분위기 | ベトナム 베트남 | ～でも ~에서도 | 大人気だ 매우 인기다

문법 표현 Expression

01 な형용사의 어간 だ (な형용사의 기본형) ~다

しんせつ
親切だ
친절하다

べんり
便利だ
편리하다

ゆうめい
有名だ
유명하다

きれいだ
예쁘다, 깨끗하다

にぎ
賑やかだ
번화하다

ハンサムだ
핸섬하다

げんき
元気だ
건강하다

しず
静かだ
조용하다

02 な형용사의 어간 です (な형용사의 정중형) ~ㅂ니다

ちかてつ
地下鉄は
지하철

べんり
便利
편리

です。

にほんご　　せんせい
日本語の 先生は
일본어　선생님

しんせつ
親切
친절

かいしゃ
この 会社は
이　회사

ゆうめい
有名
유명

03   な형용사의 어간 では ない (= じゃ ない)

(な형용사의 부정형) ~지 않다

この 図書館は　[静か]　では（じゃ）ない。
　　としょかん　しずかだ 조용하다
　　도서관

彼は　[親切]
かれ　しんせつだ 친절하다

この 街は　[賑やか]
まち　にぎやかだ 번화하다
거리

04   な형용사의 어간 では ないです (=じゃ ないです)
　　　　　　　　　　では ありません (=じゃ ありません)

(な형용사의 부정형의 정중형) ~지 않습니다

この 図書館は　[静か]　では（じゃ）ないです。/
としょかん　しずかだ　では（じゃ）ありません。
도서관

彼は　[親切]
かれ　しんせつだ

この 街は　[賑やか]
まち　にぎやかだ

05   な형용사의 어간 な＋ 명사　(な형용사의 수식형) ~한 [명사]

静かな 公園　　　　きれいな 部屋　　　　有名な 会社
しず　こうえん　　　　　　　　へ や　　　　ゆうめい　かいしゃ
조용한　공원　　　　깨끗한　방　　　　유명한　회사

문법 표현 Expression

06 　な형용사의 어간 で　(な형용사의 나열, 이유의 연결형) ~고, ~서

① 나열

真面目で 親切な 先輩
<small>まじめ　　しんせつ　せんぱい</small>

静かで きれいな レストラン
<small>しず</small>

② 이유

この レストランは 親切で、いいです。
<small>しんせつ</small>

この 図書館は 静かで、いいです。
<small>としょかん　しず</small>

07 　どんな 명사 が 好きですか。　어떤 [명사]가 좋습니까?
<small>す</small>

どんな 　｜ 人 　｜ が 好きですか。
<small>ひと　　　　　　　　　す</small>

料理
<small>りょう り</small>
요리

サイト
사이트

08 　～とか　~라든가

バラードとか クラシックとか 静かな音楽が 好きです。
<small>しず　　おんがく　す</small>
　발라드　　　　　클래식　　　　　　　　음악

プルコギとか カルビとか 肉料理が 大好きです。
<small>にくりょう り　だい す</small>
　불고기　　　　갈비　　　　고기 요리

この レストランは パスタとか ピザとか イタリアン料理が 有名です。
<small>りょう り　　ゆうめい</small>
　　　　　　　　　　　파스타　　　　피자　　　　이탈리안　　요리　　유명

A
보기

보기와 같이 연습해 봅시다.

06-03

A : あの レストランは きれいですか。

B : いいえ、きれいじゃ ないです。

　　(= きれいじゃ ありません)

あの レストラン / きれいだ

① 街 / 静かだ

② 図書館 / 賑やかだ

③ 問題 / 簡単だ

④ 学生 / 真面目だ

⑤ 子供 / 元気だ

⑥ 店員 / 親切だ

단어와
표현

レストラン 레스토랑 | きれいだ 깨끗하다, 예쁘다 | 図書館 도서관 | 賑やかだ 번화하다, 활기차다 | 問題 문제 | 簡単だ 간단하다 | 学生 학생 | 子供 어린이, 아이 | 元気だ 건강하다, 활발하다 | 店員 점원

🎧 06-04

B
보기

보기와 같이 연습해 봅시다.

A : この 問題は 簡単ですね。

B : そうですね。簡単な 問題ですね。

> 問題
> 1+2=
> 1+3=
> 1+4=

この 問題 / 簡単だ

❶ あの 先輩 / ハンサムだ

❷ あの 人 / 真面目だ

❸ この 人 / クールだ

❹ あの 歌手 / 有名だ

단어와 표현

クールだ 쿨하다 | **歌手** 가수 | **有名だ** 유명하다

C
보기

보기와 같이 연습해 봅시다.

🎧 06-05

A：どんな 学生ですか。
<small>がくせい</small>

B：ハンサムで 真面目な 学生です。
<small>まじめ</small> <small>がくせい</small>

学生／ハンサムだ・真面目だ
<small>がくせい</small> <small>まじめ</small>

❶ レストラン／きれいだ・親切だ
<small>しんせつ</small>

❷ 子供／元気だ・丈夫だ
<small>こ ども</small> <small>げん き</small> <small>じょう ぶ</small>

❸ スマートフォン／簡単だ・便利だ
<small>かんたん</small> <small>べん り</small>

❹ 車／楽だ・静かだ
<small>くるま</small> <small>らく</small> <small>しず</small>

단어와 표현

ハンサムだ 핸섬하다, 잘생기다 ┃ きれいだ 깨끗하다 ┃ 親切だ<small>しんせつ</small> 친절하다 ┃ 子供<small>こども</small> 어린이, 아이 ┃ 元気だ<small>げんき</small> 건강하다, 활발하다 ┃ 丈夫だ<small>じょうぶ</small> 튼튼하다 ┃ スマートフォン 스마트폰 ┃ 簡単だ<small>かんたん</small> 간단하다 ┃ 便利だ<small>べんり</small> 편리하다 ┃ 車<small>くるま</small> 자동차 ┃ 楽だ<small>らく</small> 편하다 ┃ 静かだ<small>しず</small> 조용하다

01 다음 한자를 히라가나로 써 보세요.

보기

先生 ⇨ | せ | ん | せ | い |

❶ 監督 | | | | |

❷ 大人気 | | | | | |

❸ 音楽 | | | | |

❹ 情熱的 | | | | | | | |

❺ 有名 | | | |

02 다음 대화를 잘 듣고, 질문에 답해 보세요.

🎧 06-06

❶ 아려는 어떤 음식을 좋아합니까?

① 일본 요리　② 한국 요리　③ 중국 요리　④ 이탈리안 요리

❷ 나타샤는 어떤 음식을 좋아합니까?

① 고기　② 면　③ 해물　④ 채소

❸ 마인은 어떤 음식을 좋아합니까?

① 피자　② 면　③ 고기　④ 해물

작문 Writing

01 다음 문장을 일본어로 써 보세요.

❶ 어떤 요리를 좋아합니까?

❷ 유명한 선생님입니다.

❸ 성실하고 잘생긴 선배입니다.

❹ 조용하고 깨끗한 도서관이 좋습니다.

❺ 이 거리는 번화하지 않습니다.

な형용사

> 그림을 보면서 다음과 같이 이야기해 보세요. ∩ 06-07
>
> **보기**
>
> A : 親切ですか。
> しんせつ
>
> B : はい、親切です。
> しんせつ
>
> いいえ、親切じゃ ないです(= 親切じゃ ありません)。
> しんせつ　　　　　　　　　　しんせつ

好きだ
す
좋아하다

嫌いだ
きら
싫어하다

賑やかだ
にぎ
번화하다

静かだ
しず
조용하다

便利だ
べん り
편리하다

不便だ
ふ べん
불편하다

元気だ
げん き
건강하다

丈夫だ
じょう ぶ
튼튼하다

きれいだ
예쁘다

ハンサムだ
핸섬하다, 잘생기다

派手だ
は で
화려하다

地味だ
じ み
수수하다

ゴージャスだ
고저스다, 화려하다

すてきだ
멋있다

あんぜん
安全だ
안전하다

あんしん
安心だ
안심이다

ゆうめい
有名だ
유명하다

りっ ぱ
立派だ
훌륭하다

ま じ め
真面目だ
성실하다

しんせつ
親切だ
친절하다

たいへん
大変だ
힘들다

ひま
暇だ
한가하다

じょう ず
上手だ
잘하다

へ た
下手だ
못하다

しあわ
幸せだ
행복하다

らく
楽だ
편하다

じゅうよう
重要だ
중요하다

しんせん
新鮮だ
신선하다

01 다음 한자를 읽고 그 뜻을 써 보세요.

보기

先輩 ⇨ せんぱい 선배

① 静かだ ＿＿＿＿＿ ＿＿＿＿＿

② 便利だ ＿＿＿＿＿ ＿＿＿＿＿

③ 元気だ ＿＿＿＿＿ ＿＿＿＿＿

④ 賑やかだ ＿＿＿＿＿ ＿＿＿＿＿

⑤ 親切だ ＿＿＿＿＿ ＿＿＿＿＿

02 밑줄 친 부분에 해당하는 어휘, 표현을 쓰세요.

① <u>어떤</u> 歌手(かしゅ)が 好(す)きですか。 ＿＿＿＿＿

② あの 公園(こうえん)は <u>조용합니다</u>. ＿＿＿＿＿

③ この 会社(かいしゃ)は <u>유명하지 않습니다</u>. ＿＿＿＿＿

④ <u>친절한</u> 先輩(せんぱい)が 大好(だいす)きです。 ＿＿＿＿＿

⑤ <u>조용하고 깨끗한</u> 図書館(としょかん)です。 ＿＿＿＿＿

⑥ビビンバ<u>라든가</u> サムギョプサル<u>라든가</u> 韓国料理(かんこくりょうり)が 好(す)きです。 ＿＿＿＿＿

03 다음 문장을 일본어로 써 보세요.

① 어떤 사람을 좋아합니까? ＿＿＿＿＿

② 이 방은 깨끗하지 않습니다. ＿＿＿＿＿

③ 번화하고 유명한 거리입니다. ＿＿＿＿＿

第 7 課

料理の 中で 何が 一番 好きですか。

요리 중에서 무엇을 가장 좋아합니까?

학습 목표

비교급 문형과 최상급 문형 익히기

핵심 문장

日本語と 英語と とちらが 好きですか。

일본어와 영어와 어느 쪽을 좋아합니까?

日本語の 方が 好きです。

일본어 쪽을 좋아합니다.

外国語の 中で 日本語が 一番 好きです。

외국어 중에서 일본어를 가장 좋아합니다.

회화 Dialogue

マイン この ラーメン とても おいしいですね。

ジュンス 本当<ほんとう>に うまいね。

マインは ラーメンと ライスヌードルと どちらが 好<す>き？

マイン ラーメンも 好<す>きですが、やっぱり ライスヌードルの 方<ほう>が もっと 好<す>き

です。私<わたし>に とって ベトナムの ライスヌードルは ソウルフードです。

ジュンス ソウルフードね。

マイン 先輩<せんぱい>は 韓国料理<かんこくりょうり>の 中<なか>で 何<なに>が 一番<いちばん> 好<す>きですか。

ジュンス ビビンバ？ キムチチゲ？ カルビ？

難<むずか>しいね。全部<ぜんぶ> 好<す>きだから。

マイン カルビは 僕<ぼく>も アリョも ナータシャも みんな 大好<だいす>きですよ。

ジュンス じゃ、今度<こんど> 留学生会<りゅうがくせいかい>の みんなと カルビパーティー どう？

マイン カルビパーティー？ ゴージャスですね。さすが 先輩<せんぱい> すごい!!

단어와 표현

ラーメン 라면 | とても 매우 | おいしい 맛있다 | 本当<ほんとう>に 정말로 | うまい 맛있다 | ライスヌードル 쌀국수 | どちら 어느 쪽 | ～も ~도 | やっぱり 역시 | ～方<ほう> ~쪽, ~편 | ～に とって ~에게 있어서 | ベトナム 베트남 | ソウルフード 소울푸드 | 韓国料理<かんこくりょうり> 한국 요리 | ～中<なか>で ~중에서 | 何<なに> 무엇 | 一番<いちばん> 가장, 제일 | ビビンバ 비빔밥 | キムチチゲ 김치찌개 | カルビ 갈비 | 難<むずか>しい 어렵다 | 全部<ぜんぶ> 전부, 다 | ～から ~이니까, ~때문에 | 大好<だいす>きだ 굉장히 좋아하다 | 今度<こんど> 이번 | 留学生会<りゅうがくせいかい> 유학생회 | みんな 모두 | パーティー 파티 | ゴージャスだ 화려하다, 호화롭다, 고저스다 | さすが (예상, 기대 평판대로)과연 | すごい 굉장하다, 대단하다

문법 표현 Expression

01 비교급 문형

① A と B と どちらが〜 A와 B (둘 중에서) 어느 쪽을 (더) 〜

サッカー 축구	と	野球 やきゅう 야구	と どちらが 好きですか。
海 うみ 바다		山 やま 산	
犬 いぬ 개		猫 ねこ 고양이	

② A の 方が (B より)〜 A쪽을 더 (B 보다) 〜

サッカー	の 方が 好きです。
海 うみ	
犬 いぬ	

비교 어휘 예시 A vs B					
지하철	地下鉄 ちかてつ		버스	バス	
비행기	飛行機 ひこうき		기차	汽車 きしゃ	
도회지, 도시	都会 とかい		시골	田舎 いなか	
영화	映画 えいが	VS	뮤지컬	ミュージカル	
자동차	自動車 じどうしゃ		자전거	自転車 じてんしゃ	
발라드	バラード		트로트	トロット	
커피	コーヒー		차	お茶 ちゃ	

02 최상급 문형

① 一番 제일, 가장

この ドラマが 드라마	一番	面白いです。 재미있다
この 街が 거리		賑やかです。 번화함
この モデルが 모델		新しいです。 새롭다

② ～の 中で ~중에서

スポーツ 스포츠	の 中で	野球が 야구	一番 好きです。
季節 계절		春が 봄	
歌手 가수		彼が 그	

계절 季節 · 사계절 四季			
 春 봄	 夏 여름	 秋 가을	 冬 겨울

스포츠 スポーツ				
野球 야구	サッカー 축구	ゴルフ 골프	スキー 스키	バスケットボール 농구
水泳 수영	バレーボール 배구	テニス 테니스	ボーリング 볼링	ヨガ 요가

문법 표현 Expression

03 의문사

① 何 무엇
果物の 中で 何が 一番 好きですか。
과일

② いつ 언제
四季の 中で いつが 一番 好きですか。
사계절

③ だれ 누구
日本の 俳優の 中で だれが 一番 好きですか。
배우

④ どこ 어디
韓国の 島の 中で どこが 一番 きれいですか。
섬

⑤ どれ 어느것
コーヒーと コーラと ジュースの 中で どれが 一番 好きですか。
커피 　 콜라 　 주스

A 보기

보기와 같이 연습해 봅시다.

🎧 07-03

A : パスタと ピザと どちらが 好^すきですか。

B : パスタ(orピザ)の 方^{ほう}が 好^すきです。

パスタ / ピザ

❶ 東京^{とうきょう}/京都^{きょうと}

❷ ヨガ / ジョギング

❸ 犬^{いぬ}/猫^{ねこ}

❹ 山^{やま}/海^{うみ}

❺ 白^{しろ}/黒^{くろ}

❻ アメリカーノ / キャラメルマキアート

단어와
표현

パスタ 파스타 | ピザ 피자 | ヨガ 요가 | ジョギング 조깅 | 犬^{いぬ} 개, 강아지 | 猫^{ねこ} 고양이 | 山^{やま} 산 | 海^{うみ} 바다 | 白^{しろ} 하양 | 黒^{くろ} 검정 | アメリカーノ 아메리카노 | キャラメル マキアート 캐러멜 마키아토

B
보기

보기와 같이 연습해 봅시다.　　　　　　　　🎧 07-04

A : <u>みかんと りんごと いちご</u>の 中^{なか}で どれが 一番^{いちばん}

　　好^すきですか。

B : <u>みかん(orりんご、いちご)</u>が 一番^{いちばん} 好^すきです。

みかん/りんご/いちご

❶ バナナ/パイナップル/オレンジ

❷ 焼酎^{しょうちゅう}/ワイン/ビール

❸ サッカー/野球^{やきゅう}/水泳^{すいえい}

❹ ネックレス/イヤリング/指輪^{ゆびわ}

단어와
표현

みかん 감귤 | **りんご** 사과 | **いちご** 딸기 | **バナナ** 바나나 | **パイナップル** 파인애플 | **オレンジ** 오렌지 | **焼酎**^{しょうちゅう} 소주 | **ワイン** 와인 | **ビール** 맥주 | **サッカー** 축구 | **野球**^{やきゅう} 야구 | **水泳**^{すいえい} 수영 | **ネックレス** 목걸이 | **イヤリング** 이어링, 귀걸이 | **指輪**^{ゆびわ} 반지

C 보기와 같이 연습해 봅시다.  07-05

보기

A：四季の 中で いつが 一番 好きですか。

B：秋(or春、夏、冬)が 一番 好きです。

四季 / いつ

① 動物 / 何

② 飲み物 / 何

③ 料理 / 何

④ スポーツ / 何

단어와 표현

四季 사계절 | 秋 가을 | 動物 동물 | 象 코끼리 | 鹿 사슴 | パンダ 판다 | 飲み物 음료 | コーヒー 커피 | コーラ 콜라 | ジュース 주스 | 料理 요리 | エビフライ 새우 튀김 | すし 초밥 | ラーメン 라면 | スポーツ 스포츠 | 野球 야구 | バスケットボール 농구 | サッカー 축구

베이직 테스트 Basic Test

01 다음 한자를 히라가나로 써 보세요.

先生 ⇨ | せ | ん | せ | い |

❶ 一番

❷ 野球

❸ 季節

❹ 歌手

❺ 海

02 다음 대화를 잘 듣고, 질문에 답해 보세요. 🎧 07-06

❶ 나타샤는 어떤 동물을 굉장히 좋아합니까?

① 개 　 ② 고양이 　 ③ 햄스터 　 ④ 코알라

❷ 아려는 어떤 요리를 가장 좋아합니까?

① 초밥 　② 소바 　 ③ 우동 　 ④ 갈비

❸ 마인이 제일 좋아하는 음식은 무엇입니까?

① 라면 　② 파스타 　 ③ 쌀국수 　 ④ 갈비

작문 Writing

01 다음 문장을 일본어로 써 보세요.

① 일본어하고 영어하고 어느 쪽이 (더) 재미있습니까?

② 바다 쪽을 (더) 좋아합니다.

③ 이 요리가 가장 맛있습니다.

④ 계절 중에서 여름을 가장 좋아합니다.

⑤ 스포츠 중에서 축구를 가장 좋아합니다.

~중에서 무엇을 가장 좋아합니까?

> 그림을 보면서 다음과 같이 이야기해 보세요. 🎧 07-07
>
> **보기**
>
> A : 飲み物の 中で 何が 一番 好きですか。
>
> B : コーヒーが 一番 好きです。

飲み物 음료

コーヒー 커피	**コーラ** 콜라	**ジュース** 주스	**牛乳** 우유
緑茶 녹차	**紅茶** 홍차	**ウーロン茶** 우롱차	**ミネラルウォーター** 미네랄 워터

お酒 술

日本酒 일본술(정종)	**カクテル** 칵테일	**ウイスキー** 위스키	**マッコリ** 막걸리

果物 과일

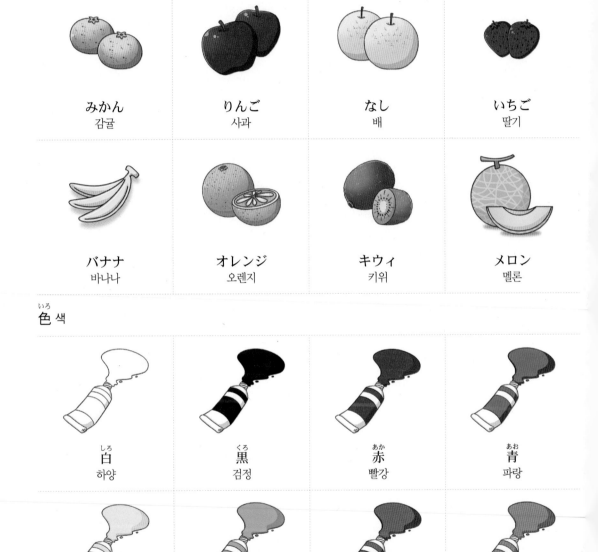

みかん 감귤	**りんご** 사과	**なし** 배	**いちご** 딸기
バナナ 바나나	**オレンジ** 오렌지	**キウィ** 키위	**メロン** 멜론

色 색

白 하양	**黒** 검정	**赤** 빨강	**青** 파랑
黄色 노랑	**緑** 초록	**紫** 보라	**ピンク** 분홍

레벨업 테스트 Level Up Test

01 다음 한자를 읽고 그 뜻을 써 보세요.

보기

先輩 ⇨ せんぱい 선배

① 山 ---------- ----------

② 猫 ---------- ----------

③ 犬 ---------- ----------

④ 春 ---------- ----------

⑤ 果物 ---------- ----------

02 밑줄 친 부분에 해당하는 어휘, 표현을 쓰세요.

① マインと ジュンスと <u>어느 쪽</u>が 好^すきですか。 ---------- ----------

② 猫^{ねこ}の <u>쪽(편)</u>が 好^すきです。 ---------- ----------

③ この アニメが <u>가장</u> 面白^{おもしろ}いです。 ---------- ----------

④ 季節^{き せつ}の <u>중에서</u> 冬^{ふゆ}が 一番^{いちばん} 好^すきです。

03 다음 문장을 일본어로 써 보세요.

① 일본어 수업이 가장 재미있습니다. ---------- ----------

② 계절 중에서 가을을 가장 좋아합니다. ---------- ----------

③ 우동보다 라면 쪽을 (더) 좋아합니다. ---------- ----------

第 8 課
だい　か

全部で いくらですか。
ぜん ぶ

전부 해서 얼마입니까?

가격 묻고 답하기, 기본 조수사 익히기

핵심 문장

全部で いくらですか。
ぜん ぶ

전부 해서 얼마입니까?

これ 一つ ください。
ひと

이거 하나 주세요.

ケーキは 230円で、コーヒーは 150円です。
えん　　　　　　　　　　　えん

케이크는 230엔이고, 커피는 150엔입니다.

マイン　お昼の メニューは 何に する？

アリヨ　私、お腹 ぺこぺこ。

　　　　和定食セットと ショートケーキ 一つ、アイスコーヒー 一つ。

マイン　そんなに いっぱい？ 全部で いくら？

アリヨ　和定食セットが 780円で、ケーキが 230円。

　　　　アイスコーヒーが 150円、全部で 1160円。

　　　　ナターシャは？

ナターシャ　私は そば定食セット。

　　　　そばと てんぷら、サラダセットで 680円。

　　　　マインは？

マイン　すみません。牛丼 一つ ください。

　　　　ランチは 牛丼 一つで 十分。

ナターシャ　完璧な マイン。少し 疲れるね。

단어와 표현

お昼 점심, 낮 | **メニュー** 메뉴 | **何に する** 무엇으로 할까(메뉴 고를 때 표현) | **お腹** 배 | **ぺこぺこ** 쫄쫄(배가 몹시 고픈 상태) | **和定食** 일식 정식 | **セット** 세트 | **ショートケーキ** 조각 케이크 | **アイスコーヒー** 아이스 커피 | **そんなに** 그렇게 | **いっぱい** 많이, 가득 | **全部で** 다 해서, 전부 해서 | **いくら** 얼마 | **そば** 소바 | **定食** 정식 | **てんぷら** 튀김 | **サラダ** 샐러드 | **〜で** ~로 | **ランチ** 런치 | **牛丼** 규동(소고기 덮밥) | **十分** 충분 | **完璧な** 완벽한 | **少し** 조금 | **疲れる** 피곤하다 | **〜ね** ~네

문법 표현 Expression

01　いくらですか。 얼마입니까?

> これは
> 이것
>
> ラーメンは
> 라면
>
> 日本語の 本は
> 책

いくらですか。

02　숫자 읽기 100～900,000

百 백	千 천	万 만	10万 십만
100 ひゃく	1,000 せん	1万 いちまん	10万 じゅうまん
200 にひゃく	2,000 にせん	2万 にまん	20万 にじゅうまん
300 さんびゃく	3,000 さんぜん	3万 さんまん	30万 さんじゅうまん
400 よんひゃく	4,000 よんせん	4万 よんまん	40万 よんじゅうまん
500 ごひゃく	5,000 ごせん	5万 ごまん	50万 ごじゅうまん
600 ろっぴゃく	6,000 ろくせん	6万 ろくまん	60万 ろくじゅうまん
700 ななひゃく	7,000 ななせん	7万 ななまん	70万 ななじゅうまん
800 はっぴゃく	8,000 はっせん	8万 はちまん	80万 はちじゅうまん
900 きゅうひゃく	9,000 きゅうせん	9万 きゅうまん	90万 きゅうじゅうまん

03　〜で　〜이고 (구별), 〜로, 해서 (합계)

① 〜이고 (구별)

<ruby>私<rt>わたし</rt></ruby>は <ruby>先生<rt>せんせい</rt></ruby>	<ruby>君<rt>きみ</rt></ruby>は <ruby>学生<rt>がくせい</rt></ruby>です。 너, 자네
<ruby>彼<rt>かれ</rt></ruby>は <ruby>韓国人<rt>かんこくじん</rt></ruby>	<ruby>彼女<rt>かのじょ</rt></ruby>は <ruby>中国人<rt>ちゅうごくじん</rt></ruby>です。 그녀　　중국인
コーラは 250<ruby>円<rt>えん</rt></ruby> 콜라	ジュースは 300<ruby>円<rt>えん</rt></ruby>です。

で、

② 〜로, 해서 (합계)

	で	
セット		いくらですか。
<ruby>全部<rt>ぜんぶ</rt></ruby> 전부		いくらですか。

04　〜ください　〜주세요

	ください。
これ <ruby>一<rt>ひと</rt></ruby>つ	
<ruby>少<rt>すこ</rt></ruby>しだけ 조금　만	
お<ruby>水<rt>みず</rt></ruby> 물	

문법 표현 Expression

05 조수사

① いくつ 몇

一つ ひとつ 하나	二つ ふたつ 둘	三つ みっつ 셋	四つ よっつ 넷	五つ いつつ 다섯
六つ むっつ 여섯	七つ ななつ 일곱	八つ やっつ 여덟	九つ ここのつ 아홉	十 とお 열

② 何個 몇 개

一個 いっこ	二個 にこ	三個 さんこ	四個 よんこ	五個 ごこ	六個 ろっこ
七個 ななこ	八個 はちこ/はっこ	九個 きゅうこ	十個 じゅっこ	十一個 じゅういっこ	何個 なんこ

③ 何人 몇 명

一人 ひとり	二人 ふたり	三人 さんにん	四人 よにん	五人 ごにん	六人 ろくにん
七人 しちにん	八人 はちにん	九人 きゅうにん	十人 じゅうにん	十一人 じゅういちにん	何人 なんにん

④ 何本 몇 병, 몇 자루

一本 いっぽん	二本 にほん	三本 さんぼん	四本 よんほん	五本 ごほん	六本 ろっぽん
七本 ななほん	八本 はっぽん	九本 きゅうほん	十本 じゅっぽん	十一本 じゅういっぽん	何本 なんぼん

⑤ 何枚 몇 장

一枚 いちまい	二枚 にまい	三枚 さんまい	四枚 よんまい	五枚 ごまい	六枚 ろくまい
七枚 ななまい	八枚 はちまい	九枚 きゅうまい	十枚 じゅうまい	十一枚 じゅういちまい	何枚 なんまい

⑥ 何台 몇 대

一台 いちだい	二台 にだい	三台 さんだい	四台 よんだい	五台 ごだい	六台 ろくだい
七台 ななだい	八台 はちだい	九台 きゅうだい	十台 じゅうだい	十一台 じゅういちだい	何台 なんだい

보기와 같이 연습해 봅시다.

 08-03

A 보기

A：ブラウスは いくらですか。

B：ブラウスは 3万5千ウォンです。
（さんまん ご せん）

ブラウス / 35,000ウォン

① ネックレス / 72,000ウォン

② ワンピース / 89,000ウォン

③ サングラス / 127,000ウォン

④ ジャケット / 145,000ウォン

⑤ ブーツ / 98,000ウォン

⑥ 腕時計 / 243,000ウォン
（うで どけい）

단어와 표현

ブラウス 블라우스 | **ネックレス** 목걸이 | **ワンピース** 원피스 | **サングラス** 선글라스 | **ジャケット** 재킷 | **ブーツ** 부츠 | **腕時計**(うでどけい) 손목시계

B 보기

보기와 같이 연습해 봅시다.

🎧 08-04

A : <u>コーヒー</u>は いくらですか。

B : <u>アメリカーノは 2,500ウォンで、</u>

<u>カプチーノは 3,500ウォン</u>です。

コーヒー：アメリカーノ 2,500ウォン
カプチーノ 3,500ウォン

❶ ジュース：オレンジジュース 2,000ウォン

いちごジュース 3,000ウォン

❷ ケーキ：チーズケーキ 4,300ウォン

チョコレートケーキ 3,800ウォン

❸ アクセサリー：ネックレス 98,000ウォン

イヤリング 78,000ウォン

❹ ハンバーガー：チーズバーガー 2,500ウォン

チキンバーガー 4,000ウォン

단어와 표현

コーヒー 커피 | **アメリカーノ** 아메리카노 | **カプチーノ** 카푸치노 | **ジュース** 주스 | **オレンジ** 오렌지 | **いちご** 딸기 | **ケーキ** 케이크 | **チーズ** 치즈 | **チョコレート** 초콜릿 | **アクセサリー** 액세서리 | **ネックレス** 목걸이 | **イヤリング** 이어링, 귀걸이 | **ハンバーガー** 햄버거 | **チキンバーガー** 치킨 버거

보기와 같이 연습해 봅시다.

🎧 08-05

C
보기

A : コーヒーと ケーキ ください。
　　ぜん ぶ
　　全部で いくらですか。

B : コーヒーは 3,500ウォンで、ケーキは

　　4,500ウォンです。全部で 8,000ウォンです。

コーヒー 3,500ウォン
ケーキ 4,500ウォン

❶ ハンバーガー 3,000ウォン

　コーラ 1,500ウォン

❷ ワンピース 60,000ウォン

　スカーフ 29,000ウォン

❸ うどん 4,500ウォン

　おにぎり 1,500ウォン

❹ パスタ 9,800ウォン

　ジュース 3,500ウォン

단어와
표현

ワンピース 원피스 | **スカーフ** 스카프 | **うどん** 우동 | **おにぎり** 주먹밥 | **パスタ** 파스타

01 다음 한자를 히라가나로 써 보세요.

보기

先生 ⇨ | せ | ん | せ | い |

❶ 十分 | | | | | |

❷ 全部 | | | |

❸ 定食 | | | | | |

❹ お水 | | | |

02 다음 대화를 잘 듣고, 질문에 답해 보세요. 🎧 08-06

❶ 가장 비싼 가방은 얼마입니까?

　① 6천 엔　② 7천 엔　③ 8천 엔　④ 9천 엔

❷ 가장 싼 가방은 얼마입니까?

　① 1200　② 1300엔　③ 1500엔　④ 1900엔

❸ 무엇을 샀습니까?

　① 제일 비싼 가방　　② 제일 싼 가방

　③ 제일 비싼 가방과 구두　④ 제일 싼 가방과 구두

01 다음 문장을 일본어로 써 보세요.

❶ 이것은 얼마입니까?

------

❷ 조금 주세요.

------

❸ 커피 하나하고 케이크 하나 주세요.

------

❹ 전부 주세요.

------

❺ 이것은 일본어 책이고 그것은 중국어 책입니다.

얼마예요?

그림을 보면서 다음과 같이 이야기해 보세요.　🎧 08-07

보기

A : ブーツは いくらですか。

B : 120,000ウォンです。

ファッションリーダー、美香（みか）の ホットアイテム 패션리더, 미카의 핫아이템

ワンピース	スカーフ	サングラス
₩60,000		
원피스	스카프	선글라스
トートバッグ	ショルダーバッグ	ジャケット
토트백	숄더백	재킷

コート
코트

ブラウス
블라우스

ティーシャツ
티셔츠

カーディガン
카디건

スカート
스커트, 치마

ジーンズ
진

スーツ
슈트, 정장

セーター
스웨터

トレーナー
맨투맨 티셔츠

레벨업 테스트 Level Up Test

01 다음 한자를 읽고 그 뜻을 써 보세요.

보기

先輩 ⇨ せんぱい 선배

① お腹　—————　—————

② 少し　—————　—————

③ 疲れる　—————　—————

④ 完璧　—————　—————

02 밑줄 친 부분에 해당하는 어휘, 표현을 쓰세요.

① 全部 해서 1万円です。　—————

② これは 얼마ですか。　—————

③ コーヒー 주세요.　—————

④ 中村さんは 日本人이고, ワンさんは 中国人です。

03 다음 문장을 일본어로 써 보세요.

① 케이크는 얼마입니까?　—————

② 라면 하나하고 우동 하나 주세요.　—————

③ 나의 전공은 일본어이고, 그의 전공은 영어입니다.

—————————————

きょう しつ
教室は どこに ありますか。

교실은 어디에 있습니까?

존재 유무 표현과 장소, 위치 표현 익히기

と しょかん
図書館は どこに ありますか。

도서관은 어디에 있습니까?

りゅうがくせい   なんにん
留学生は 何人 いますか。

유학생은 몇 명 있습니까?

じ かん   お かね
時間も ないし、お金も ありません。

시간도 없고, 돈도 없습니다.

ジュンス 日本語 授業の 教室は どこ？

アリヨ お気に入りの 教養館に あります。教養館 403号室です。

ジュンス お気に入りの 教養館？ 特に 好きな 理由でも？

アリヨ 教養館の 1階に カフェが ありますけど、コーヒーも おいしいし、

親切で ハンサムな 店員さんが いるんです。

ジュンス はは。そうか。

日本語の 授業に 留学生は 何人？

アリヨ 10人 います。

韓国からの 留学生が 4人で、中国の 留学生が 3人、

アメリカと ロシア、ベトナムの 留学生が 1人ずつ います。

ジュンス 留学生の 中では、だれが 日本語が 一番 上手？

アリヨ みんな 上手ですけど、国費留学生の 優等生 マインが 一番…。

ジュンス マイン すごいね。マインは 英語も ぺらぺらだからね。

단어와 표현

授業 수업 | 教室 교실 | どこ 어디 | お気に入りの 마음에 드는, 좋아하는 | 教養館 교양관 | ～に ~에 | あります 있습니다(사물, 식물) | ～号室 ~호실 | 特に 특히, 특별히 | 好きな 좋아하는 | 理由 이유 | ～でも ~라도 | ～階 ~층 | カフェ 카페 | ～けど ~지만, ~인데 | ～も ~도 | おいしい 맛있다 | ～し ~하고(나열) | 店員 점원 | ～んです ~거든요(이유설명) | 留学生 유학생 | 何人 몇 명 | ～ずつ ~씩 | います 있습니다(사람, 동물) | ～中では ~중에서는 | だれ 누구 | 一番 가장, 제일 | 上手だ 잘한다 | みんな 모두 | 国費 국비 | 優等生 우등생 | ぺらぺら 술술(유창하게 말하는 모습)

문법 표현 Expression

01 あります・ありません 있습니다・없습니다 (무생물, 식물)

私には 夢が　あります。
わたし　ゆめ
　　　　꿈

教室に 机と いすが
きょうしつ　つくえ
교실　책상　　의자

時間が　ありません。
じかん
시간

お金が
かね
돈

02 います・いません 있습니다・없습니다 (사람, 동물)

私の 家には 犬が　います。
わたし　いえ　いぬ
　　　집　　개

彼には 彼女が
かれ　かのじょ
그　　그녀(여자친구)

恋人は　いません。
こいびと
애인

兄弟は
きょうだい
형제

03 ～に あります/います ～에 있습니다

> 銀行は 会社の 隣に　　あります。
> ぎんこう　かいしゃ　となり
> 은행　　　회사　　　옆,이웃
>
> 財布の 中に 家族の 写真が
> さいふ　なか　かぞく　しゃしん
> 지갑　　안　　가족

> 私の 心の 中に あなたが　　います。
> わたし　こころ　なか
> 마음
>
> 先生は 教室の 前に
> せんせい　きょうしつ　まえ
> 교실　　　앞

04 どこに ありますか/いますか。 어디에 있습니까?

> 図書館は　　どこに ありますか。
> としょかん
> 도서관
>
> 自転車は
> じてんしゃ
> 자전거

> 犬は　　どこに いますか。
> いぬ
>
> 先輩は
> せんぱい

문법 표현 Expression

05 위치 관련 어휘

^{うえ}上 위	^{した}下 밑, 아래	^{まえ}前 앞	^{うし}後ろ 뒤	
^{なか}中 안	^{ま なか}真ん中 한가운데	^{みぎ}右 오른쪽	^{ひだり}左 왼쪽	
^{ちか}近く 근처	^{まわ}周り 주위	^{よこ}横 옆	^{となり}隣 이웃	そば 곁

06 ～し ～하고 (나열)

あの ^{みせ}店は ^{りょう り}料理も おいしいし、^{てんいん}店員も ^{しんせつ}親切です。
가게　　　요리　　　　　　　　　　점원

この ^{ふく}服は デザインも いいし、^{ね だん}値段も ^{やす}安いです。
옷　　　디자인　　　　　　　　　싸다

^{じ かん}時間も ないし、^{かね}お金も ありません。
시간　　　　　　　　돈

160

A
보기

보기와 같이 연습해 봅시다.   🎧 09-03

A : 郵便局は どこに ありますか。

B : 郵便局は コンビニの 前に あります。

コンビニの 前

❶ 銀行は どこに ありますか。

郵便局の 隣

❷ 薬局は どこに ありますか。

病院の 後ろ

❸ デパートは どこに ありますか。

病院の 向かい

❹ コンビニは どこに ありますか。

銀行の 近く

단어와
표현

郵便局 우체국 | コンビニ 편의점 | 前 앞 | 銀行 은행 | 隣 옆, 이웃 | 薬局 약국 | 病院 병원 | 後ろ 뒤 |

デパート 백화점 | 向かい 맞은편

B
보기

보기와 같이 연습해 봅시다.

🎧 09-04

A : <ruby>店員<rt>てんいん</rt></ruby>は どこに いますか。

B : <ruby>店員<rt>てんいん</rt></ruby>は ドアの <ruby>前<rt>まえ</rt></ruby>に います。

<ruby>店員<rt>てんいん</rt></ruby>／ドアの <ruby>前<rt>まえ</rt></ruby>

❶ <ruby>中村先生<rt>なかむらせんせい</rt></ruby>は どこに いますか。

イさんの そば

❷ アリョさんは どこに いますか。

<ruby>中村先生<rt>なかむらせんせい</rt></ruby>の <ruby>前<rt>まえ</rt></ruby>

❸ <ruby>犬<rt>いぬ</rt></ruby>は どこに いますか。

アリョさんの <ruby>横<rt>よこ</rt></ruby>

❹ <ruby>猫<rt>ねこ</rt></ruby>は どこに いますか。

ソファーの <ruby>上<rt>うえ</rt></ruby>

단어와
표현

<ruby>店員<rt>てんいん</rt></ruby> 점원 | ドア 문 | そば 곁, 옆 | <ruby>犬<rt>いぬ</rt></ruby> 개 | <ruby>横<rt>よこ</rt></ruby> 옆 | <ruby>猫<rt>ねこ</rt></ruby> 고양이 | ソファー 소파 | <ruby>上<rt>うえ</rt></ruby> 위

C 보기 보기와 같이 연습해 봅시다.

A：あの レストランは どうですか。

B：料理も おいしいし、店員も 親切です。

あのレストラン / 料理も おいしい・店員も 親切だ

① 学校の 図書館 /

静かだ・資料も 多い

② あの カフェ /

コーヒーが おいしい・雰囲気も いい

③ 日本語の 授業 /

先生が 面白い・内容も 難しく ない

④ あの コンビニ /

店員が 不親切だ・狭くて 不便だ

단어와 표현

店員 점원 | ～も ~도 | 学校 학교 | 図書館 도서관 | 静かだ 조용하다 | 資料 자료 | 多い 많다 | カフェ 카페 | 雰囲気 분위기 | 授業 수업 | 面白い 재미있다 | 内容 내용 | 難しく ない 어렵지 않다 | コンビニ 편의점 | 不親切だ 불친절하다 | 狭い 좁다 | 不便だ 불편하다

베이직 테스트 Basic Test

01 다음 한자를 히라가나로 써 보세요.

> 보기
>
> 先生 ⇨ | せ | ん | せ | い |

❶ 銀行 　　□□□□

❷ 教室 　　□□□□□

❸ 国費 　　□□□

❹ 優等生 　□□□□□□

❺ 自転車 　□□□□□

02 다음 대화를 잘 듣고, 질문에 답해 보세요.　🎧 09-06

❶ 어떤 도서관입니까?

　① 크고 유명한　② 넓고 편리한　③ 조용하고 깨끗한　④ 편리하고 깨끗한

❷ 도서관에는 무엇이 없습니까?

　① 학생　　② 책　　　③ 식당　　　④ 카페

❸ 카페는 어디에 있습니까?

　① 식당 뒤　② 편의점 앞　③ 도서관 옆　④ 컴퓨터실 뒤

작문 Writing

01 다음 문장을 일본어로 써 보세요.

❶ 교실은 어디에 있습니까?

----

❷ 시간은 있습니까?

----

❸ 가방은 책상 위에 있습니다.

----

❹ 선배는 교실에 없습니다.

----

❺ 커피도 맛있고 점원분도 친절합니다.

어디에 있습니까?

보기

그림을 보면서 다음과 같이 이야기해 보세요. 🎧 09-07

A : 美容院は どこに ありますか。

B : 病院の 隣に あります。

① 美容院 미용실

② 病院 병원

③ 塾 학원

④ 地下鉄駅 지하철역

⑤ 銀行 은행

⑥ スーパー 슈퍼

⑦ コーヒーショップ 커피숍

⑧ バス停 버스 정류장

⑨ 食堂 식당

⑩ パン屋 빵집

⑪ クリーニング屋 세탁소

⑫ 不動産屋 부동산

⑬ 八百屋 채소 가게

⑭ 文房具屋 문방구점

⑮ コンビニ 편의점

⑯ 小学校 초등학교

⑰ 幼稚園 유치원

⑱ 公園 공원

01 다음 한자를 읽고 그 뜻을 써 보세요.

先輩 ⇨ せんぱい 선배

① 店 ‑‑‑‑‑‑‑‑‑‑‑‑‑‑‑‑‑‑‑‑‑‑‑‑‑‑

② 店員 ‑‑‑‑‑‑‑‑‑‑‑‑‑‑‑‑‑‑‑‑‑‑‑‑‑‑

③ 値段 ‑‑‑‑‑‑‑‑‑‑‑‑‑‑‑‑‑‑‑‑‑‑‑‑‑‑

④ 隣 ‑‑‑‑‑‑‑‑‑‑‑‑‑‑‑‑‑‑‑‑‑‑‑‑‑‑

02 밑줄 친 부분에 해당하는 어휘, 표현을 쓰세요.

① 図書館は 어디ですか。

② 先生は 教室に 있습니까?

③ 家に 犬は 없습니다.

④ かばんの 中に 財布が 있습니다.

⑤ マインは 英語も 上手です이고 日本語も ペラペラです。

03 다음 문장을 일본어로 써 보세요.

① 유학생은 몇 명 있습니까?

② 학교는 어디에 있습니끼?

③ 도서관 안에 식당이 있습니다.

暇な 時、何を しますか。
_{ひま} _{とき} _{なに}

한가할 때 무엇을 합니까?

학습 목표

동사의 ます형 활용 익히기

핵심 문장

暇な 時、何を しますか。
_{ひま} _{とき} _{なに}

한가할 때 무엇을 합니까?

図書館に 行きます。
_{と しょかん} _い

도서관에 갑니다.

ラーメンを 食べました。
_た

라면을 먹었습니다.

회화 Dialogue

アリヨ 先輩は 暇な 時、何を しますか。

ジュンス 最近 忙しくて、暇が 全然…。

普通 授業の 後 アルバイトか 図書館へ…。

アリヨ いつも 図書館で 何を しますか。

ジュンス 試験勉強に レポートの 準備、ネット検索や 動画の 講義まで ほとんど 全部 図書館で するよ。図書館は 快適で 便利だから。

アリヨ そうですか。じゃ、私も 今日から 図書館に 行きます。

ジュンス そう？じゃ、僕が 案内するよ。

アリヨ 本当ですか。ありがとうございます。

단어와 표현

暇だ 한가하다 | 時 때 | しますか 합니까? | 最近 최근 | 忙しい 바쁘다 | 暇 짬, 틈, 여유 | 全然 전혀 | 普通 보통 | 授業 수업 | 後 후 | アルバイト 아르바이트 | ～か ~이나 | 図書館 도서관 | ～へ ~으로 | いつも 항상 | ～で ~에서, ~로 | 試験勉強 시험 공부 | ～に ~에 | レポート 리포트 | 準備 준비 | ネット「インターネット(인터넷)」의 줄임말 | 検索 검색 | ～や ~이랑 | 動画 동영상 | 講義 강의 | ～まで ~까지 | ほとんど 거의, 대부분 | 全部 전부 | 快適だ 쾌적하다 | 便利だ 편리하다 | ～から ~이니까, ~부터 | 行きます 갑니다 | 案内する 안내하다 | 本当だ 정말이다 | ありがとうございます 감사합니다

문법 표현 Expression

01 동사의 종류

① 1그룹 동사 (5단 활용 동사)

(1) 어미가 「う、く、ぐ、す、つ、ぬ、ぶ、む」로 끝나는 동사

会う 만나다   行く 가다   泳ぐ 헤엄치다   話す 이야기하다
待つ 기다리다   死ぬ 죽다   遊ぶ 놀다   飲む 마시다

(2) 어미가 「る」로 끝나는 동사 중에서 동사 어간 끝 모음이 [a · u · o]인 동사

ある 있다   降る (눈, 비가)내리다   乗る 타다

(3) 예외 동사 : 형태는 2그룹 동사와 같지만, 예외적으로 1그룹처럼 활용하는 동사

入る 들어가다   帰る 돌아가다   知る 알다   走る 달리다

② 2그룹 동사 (1단 동사 : 상1단과 하1단 동사)

동사의 어미가 「る」로 끝나는 동사 중 어간의 끝 모음이 [i · e]로 끝나는 동사
('1단동사'라고도 하며, 이는 '상1단 동사'와 '하1단 동사'로 구분)

(1) 상1단 동사 : 어간이 「い단」으로 끝나는 동사

見る 보다   起きる 일어나다

(2) 하1단 동사 : 어간이 「え단」으로 끝나는 동사

食べる 먹다   寝る 자다

③ 3그룹 동사 (불규칙동사, 변격동사)

3그룹 동사는 '불규칙동사', 'カ행 변격동사', 'サ행 변격동사'라고도 함.

来る 오다   する 하다

02 동사의 ます형 활용

① 1그룹 동사의 ます형

어미인 う단을 い단으로 바꾸고 「ます」를 접속한다.

기본형	ます형
会^あう 만나다	会^あい + ます → 会^あいます 만납니다
書^かく 쓰다	書^かき + ます → 書^かきます 씁니다
泳^{およ}ぐ 헤엄치다	泳^{およ}ぎ + ます → 泳^{およ}ぎます 헤엄칩니다
話^{はな}す 이야기하다	話^{はな}し + ます → 話^{はな}します 이야기합니다
待^まつ 기다리다	待^まち + ます → 待^まちます 기다립니다
死^しぬ 죽다	死^しに + ます → 死^しにます 죽습니다
遊^{あそ}ぶ 놀다	遊^{あそ}び + ます → 遊^{あそ}びます 놉니다
読^よむ 읽다	読^よみ + ます → 読^よみます 읽습니다
降^ふる 내리다	降^ふり + ます → 降^ふります 내립니다

cf. 예외 동사

기본형	ます형
入^{はい}る 들어오/가다	入^{はい}り + ます → 入^{はい}ります 들어옵/갑니다
帰^{かえ}る 돌아오/가다	帰^{かえ}り + ます → 帰^{かえ}ります 돌아오/갑니다

문법 표현 Expression

② 2그룹 동사의 ます형

「어간 + ます」의 형태, 어미 「る」를 없애고 「ます」를 접속한다.

기본형	ます형
見る 보다	見 + ます → 見ます 봅니다
起きる 일어나다	起き + ます → 起きます 일어납니다
食べる 먹다	食べ + ます → 食べます 먹습니다
寝る 자다	寝 + ます → 寝ます 잡니다

③ 3그룹 동사의 ます형

3그룹 동사는 변격동사로, 불규칙 동사이다.

기본형	ます형
来る 오다	来ます 옵니다
する 하다	します 합니다

03　〜ます　〜합니다

毎日 図書館に 行きます。
매일　도서관　　　いく 가다

動画を 見ます。
동영상　　　みる 보다

ホームページに ログインします。
홈페이지　　　　　　로그인　する 하다

04 ～ません   ~하지 않습니다

タバコは 吸^すいません。
담배   すう 피우다

朝^{あさ}ごはんは 食^たべません。
아침 식사   たべる 먹다

欠席^{けっせき}は しません。
결석   する 하다

05 ～ました   ~했습니다

コンサートに 行^いきました。
콘서트   いく 가다

今日^{きょう}は 朝早^{あさはや}く 起^おきました。
오늘   아침 일찍   おきる 일어나다

昨日^{きのう} 友^{とも}だちと いっしょに 映画^{えいが}を 見^みました。
어제   친구   와/과   함께, 같이   영화   みる 보다

06 ～ませんでした   ~하지 않았습니다

お酒^{さけ}を 飲^のみませんでした。
술   のむ 마시다

全然^{ぜんぜん} 知^しりませんでした。
전혀   しる 알다

宿題^{しゅくだい}を しませんでした。
숙제   する 하다

문법 표현 Expression

07 조사

① ～を ~을/를 (목적의 대상)

しんぶん　　よ
新聞を 読みます。
신문　　　　 よむ 읽다

ラーメンを 食べます。た
라면　　　　　たべる 먹다

② ～に ~으로, ~에 (시간, 귀착점, 대상)

しち じ　　お
７時に 起きました。
7시　　　 おきる 일어나다

がっこう　　い
学校に 行きます。
학교　　　 いく 가다

せんせい　　あ
先生に 会いました。
선생님　　 あう 만나다

でんしゃ　　の
電車に 乗りました。
전철　　　 のる 타다

③ ～で ~에서 (장소), ~으로 (수단)

か
ボールペンで 書きます。
볼펜　　　　　 かく 쓰다

に ほん ご　　はな
日本語で 話します。
일본어　　　 はなす 이야기하다

と しょかん　　べんきょう
図書館で 勉強します。
도서관　　　 공부　する 하다

④ ～へ ~으로, ~에 (방향)

き のう　　　　　　　　い
昨日 デパートへ 行きました。
어제　　 백화점

い
アメリカへ 行きます。
미국

패턴 연습 Exercise

A
보기

보기와 같이 연습해 봅시다.

🎧 10-03

A : <ruby>学校<rt>がっこう</rt></ruby>に <ruby>行<rt>い</rt></ruby>きますか。

B : はい、<ruby>行<rt>い</rt></ruby>きます。

いいえ、<ruby>行<rt>い</rt></ruby>きません。

<ruby>学校<rt>がっこう</rt></ruby>に <ruby>行<rt>い</rt></ruby>く

❶ タバコを <ruby>吸<rt>す</rt></ruby>う

❷ <ruby>手紙<rt>てがみ</rt></ruby>を <ruby>書<rt>か</rt></ruby>く

❸ <ruby>海<rt>うみ</rt></ruby>で <ruby>泳<rt>およ</rt></ruby>ぐ

❹ <ruby>薬<rt>くすり</rt></ruby>を <ruby>飲<rt>の</rt></ruby>む

❺ ニュースを <ruby>見<rt>み</rt></ruby>る

❻ <ruby>毎日<rt>まいにち</rt></ruby> <ruby>散歩<rt>さんぽ</rt></ruby>する

단어와
표현

<ruby>学校<rt>がっこう</rt></ruby>に <ruby>行<rt>い</rt></ruby>く 학교에 가다 | タバコを <ruby>吸<rt>す</rt></ruby>う 담배를 피우다 | <ruby>手紙<rt>てがみ</rt></ruby>を <ruby>書<rt>か</rt></ruby>く 편지를 쓰다 | <ruby>海<rt>うみ</rt></ruby>で <ruby>泳<rt>およ</rt></ruby>ぐ 바다에서 헤엄치다 | <ruby>薬<rt>くすり</rt></ruby>を <ruby>飲<rt>の</rt></ruby>む 약을 먹다 | ニュースを <ruby>見<rt>み</rt></ruby>る 뉴스를 보다 | <ruby>毎日<rt>まいにち</rt></ruby> 매일 | <ruby>散歩<rt>さんぽ</rt></ruby>する 산책하다

패턴 연습 Exercise

보기와 같이 연습해 봅시다.

🎧 10-04

A：昨日 映画を 見ましたか。

B：はい、見ました。

いいえ、見ませんでした。

映画を 見る

❶ 友だちに 会う

❷ 料理を 作る

❸ お風呂に 入る

❹ 試験を 受ける

❺ アルバイトを する

❻ 日本語の 勉強を する

단어와
표현

昨日 어제 | 映画を 見る 영화를 보다 | 友だちに 会う 친구를 만나다 | 料理を 作る 요리를 만들다 |
お風呂に 入る 목욕하다 | 試験を 受ける 시험을 치르다 | アルバイト 아르바이트 | 勉強 공부

178

C 보기와 같이 연습해 봅시다.

🎧 10-05

보기

A : 何_{なに}を 食_たべましたか。

B : ピザを 食_たべました。

何_{なに}を 食_たべる / ピザ

❶ 何_{なに}を 買_かう / 本_{ほん}

❷ どこに 行_いく / トイレ

❸ 何時_{なんじ}に 帰_{かえ}る / 9時_{くじ}

❹ 何_{なに}を 見_みる / 映画_{えいが}

❺ だれに 会_あう / 恋人_{こいびと}

❻ どこで 会_あう / 会社_{かいしゃ}の 前_{まえ}

단어와 표현
何_{なに} 무엇 | 買_かう 사다 | どこ 어디 | 行_いく 가다 | トイレ 화장실 | 帰_{かえ}る 돌아가다 | だれ 누구 | 前_{まえ} 앞

01 다음 한자를 히라가나로 써 보세요.

보기
先生 ⇨ | せ | ん | せ | い |

❶ 暇 　| | |

❷ 最近 　| | | | |

❸ 準備 　| | | | |

❹ 検索 　| | | | |

❺ 動画 　| | | |

02 다음 대화를 잘 듣고, 질문에 답해 보세요.　🎧 10-06

❶ 몇 시에 귀가하였습니까?

① 밤 9시　② 밤 10시　③ 밤 11시　④ 밤 12시

❷ 도서관에서 무엇을 하였습니까?

① 전공 숙제　② 전공 공부　③ 교양 숙제　④ 교양 공부

❸ 누구와 함께 있었습니까?

① 친구　② 선배　③ 후배　④ 선생님

01 다음 문장을 일본어로 써 보세요.

❶ 내일 친구를 만납니다.

----

❷ 아르바이트는 하지 않습니다.

----

❸ 담배는 피우지 않습니다.

----

❹ 아침 일찍 일어났습니다.

----

❺ 라면을 먹었습니다.

~을/를 (했)습니까?

그림을 보면서 다음과 같이 이야기해 보세요.

🎧 10-07

보기

A : 朝ごはんを 食べましたか。

B : はい、食べました。

いいえ、食べませんでした。

朝早く 起きる
아침 일찍 일어나다

顔を 洗う
얼굴을 씻다

歯を 磨く
이를 닦다

化粧を する
화장을 하다

朝ごはんを 食べる
아침밥을 먹다

新聞を 読む
신문을 읽다

地下鉄に 乗る
ちかてつ の
지하철을 타다

学校に 行く
がっこう い
학교에 가다

宿題を する
しゅくだい
숙제를 하다

残業する
ざんぎょう
잔업하다(야근하다)

家に 帰る
いえ かえ
집에 돌아가다

シャワーを 浴びる
あ
샤워하다

テレビを 見る
み
텔레비전을 보다

インターネットを する
인터넷을 하다

夜遅く 寝る
よるおそ ね
밤늦게 자다

레벨업 테스트 Level Up Test

01 다음 한자를 읽고 그 뜻을 써 보세요.

보기

先輩 ⇨ せんぱい 선배

① 講義 _____ _____

② 快適 _____ _____

③ 欠席 _____ _____

④ 案内 _____ _____

02 밑줄 친 부분에 해당하는 어휘, 표현을 쓰세요.

① 映画を 見ます。 _____

② 図書館に 行きます。 _____

③ 日本語で 話します。 _____

④ 先輩と いっしょに 勉強しました。 _____

⑤ 先生を 会いました。 _____

03 다음 문장을 일본어로 써 보세요.

① 친구와 함께 도서관에서 공부를 합니다. _____

② 보통 아침밥은 먹지 않습니다. _____

③ 제가 안내하겠습니다. _____

あ か ざ テ り

프렌즈
일본어 ①

이름

프렌즈 일본어

일본어

1

워크북

동양북스

専攻は 何ですか。 전공은 무엇입니까?

Words

しんにゅうせい 新入生				
신입생				
しどう 指導				
지도				
きょうじゅ 教授				
교수				
じこしょうかい 自己紹介				
자기소개				
せんこう 専攻				
전공				
かんこう 観光				
관광				
かれ 彼				
그				
せんぱい 先輩				
선배				

ともだち 友達				
친구				
ちゅうごく 中国				
중국				
りゅうがくせい 留学生				
유학생				
けいえい 経営				
경영				
ビジネス				
비즈니스				
ロシア				
러시아				
ベトナム				
베트남				
サークル				
동아리				

Sentence

1. 私は ワン・アリョです。 저는 왕아려입니다.

2. 専攻は 何ですか。 전공은 무엇입니까?

3. 彼女は 新入生じゃ ありません。 그녀는 신입생이 아닙니다.

4. はじめまして。よろしく お願いします。
   처음 뵙겠습니다. 잘 부탁드립니다.

5. 専攻は 観光ビジネスです。 전공은 관광비즈니스입니다.

6. こちらは 中村先生です。 이쪽은 나카무라 선생님입니다.

7. 彼女は 韓国人じゃ ありません。 그녀는 한국인이 아닙니다.

8. 彼は 日本人じゃ ありません。 그는 일본인이 아닙니다.

でんわ ばんごう なんばん
電話番号は 何番ですか。 전화번호는 몇 번입니까?

Words

にほんご 日本語				
일본어				
きねん 記念				
기념				
ほん 本				
책				
さいしんがた 最新型				
최신형				
でんわ 電話				
전화				
ばんごう 番号				
번호				
なんばん 何番				
몇 번				
じゅぎょう 授業				
수업				

かのじょ **彼女** 그녀				
じ む しつ **事務室** 사무실				
と しょかん **図書館** 도서관				
りゅうがく **留学** 유학				
スマホ 스마트폰				
アプリ 앱, 어플				
プレゼント 선물				
スタディー 스터디				

1. これは だれのですか。 이것은 누구의 것입니까?

2. 何_{なん}の 本_{ほん}ですか。 무슨 책입니까?

3. 電話番号_{でんわばんごう}は 何番_{なんばん}ですか。 전화번호는 몇 번입니까?

4. これは プレゼント です。 이것은 선물입니다.

5. 日本語_{にほんご}の アプリです。 일본어 앱입니다.

6. それは 私_{わたし}のです。 그것은 제 것입니다.

7. だれの 本_{ほん}ですか。 누구의 책입니까?

8. 何_{なん}の アプリですか。 무슨 앱입니까?

Words

今 何時ですか。 지금 몇 시입니까?

いま なんじ

つぎ 次 다음				
なんじ 何時 몇시				
ふん 分 분				
いま 今 지금				
ごぜん 午前 오전				
ごご 午後 오후				
びょういん 病院 병원				
はん 半 반				

あさ 朝 아침				
よる 夜 저녁				
しょくじ 食事 식사				
まえ 前 전, 앞				
ちゃ お茶 차				
ドライブ 드라이브				
コーヒー 커피				
アルバイト 아르바이트				

Sentence

1. 今 何時ですか。 지금 몇 시입니까?

2. 授業は 何時から 何時までですか。 수업은 몇 시부터 몇 시까지입니까?

3. コーヒーでも どうですか。 커피라도 어때요?

4. 午後 1時です。 오후 1시입니다.

5. アルバイトは 何時からですか。 아르바이트는 몇 시부터입니까?

6. 授業は 何時までですか。 수업은 몇 시까지입니까?

7. いっしょに 食事でも どうですか。 같이 식사라도 어때요?

8. ドライブは どうですか。 드라이브는 어때요?

お誕生日は いつですか。 생일은 언제입니까?

ちゅうかん 中間 중간					
らいしゅう 来週 다음 주					
なんよう び 何曜日 무슨 요일					
たんじょう び 誕生日 생일					
あと 後 후, 나중					
いわ お祝い 축하					
なつやす 夏休み 여름 방학					
そつぎょうしき 卒業式 졸업식					

がくせい 学生 학생					
かんこく 韓国 한국					
きょう 今日 오늘					
なんにち 何日 며칠					
あした 明日 내일					
テスト 테스트					
パーティー 파티					
コンサート 콘서트					

1. 今日は 何月何日ですか。 오늘은 몇 월 며칠입니까?

2. 明日は 何曜日ですか。 내일은 무슨 요일입니까?

3. お誕生日は いつですか。 생일은 언제입니까?

4. 来週の 土曜日は 何日ですか。 다음 주 토요일은 며칠입니까?

5. 休みは いつから いつまでですか。 방학은 언제부터 언제까지입니까?

6. 卒業式は 何月何日ですか。 졸업식은 몇 월 며칠입니까?

7. テストは 来週の 金曜日です。 시험은 다음 주 금요일입니다.

8. 今週の 水曜日は 先生の お誕生日です。
이번 주 수요일은 선생님의 생일입니다.

毎日 楽しいです。 매일 즐겁습니다.

Words

楽しい (たの)				
즐겁다				
新しい (あたら)				
새롭다				
苦しい (くる)				
괴롭다				
多い (おお)				
많다				
忙しい (いそが)				
바쁘다				
高い (たか)				
비싸다, 높다				
寂しい (さび)				
쓸쓸하다, 외롭다				
優しい (やさ)				
자상하다, 상냥하다				

あか 明るい					
밝다					
かんきょう 環境					
환경					
しゅくだい 宿題					
숙제					
ぶっか 物価					
물가					
よ ゆう 余裕					
여유					
せいせき 成績					
성적					
レポート					
리포트					
パソコン					
컴퓨터					

5과

Sentence

1. 毎日 楽しいです。 매일 즐겁습니다.

2. 成績は あまり 良く ないです。 성적은 별로 좋지 않습니다.

3. レポートが 多くて、いつも 忙しいです。
리포트가 많아서 항상 바쁩니다.

4. 時々 寂しいです。 때때로 외롭습니다.

5. レポートが 多くて、苦しいです。 리포트가 많아서 괴롭습니다.

6. 日本の 物価は 高いです。 일본의 물가는 비쌉니다.

7. 日本語は 難しく ありません。 일본어는 어렵지 않습니다.

8. 先生は 優しくて 面白いです。 선생님은 자상하고 재미있습니다.

どんな 音楽が 好きですか。 어떤 음악을 좋아합니까?

音楽 (おんがく) 음악				
好きだ (す) 좋아하다				
静かだ (しず) 조용하다				
有名だ (ゆうめい) 유명하다				
親切だ (しんせつ) 친절하다				
便利だ (べんり) 편리하다				
賑やかだ (にぎ) 번화하다				
真面目だ (まじめ) 성실하다				

17

Words

じょうねつてき 情熱的だ				
정열적이다				
だいにんき 大人気だ				
매우 인기다				
となり 隣				
이웃, 옆				
かんとく 監督				
감독				
まち 街				
거리				
ムード				
무드, 분위기				
スタジオ				
스튜디오				
バラード				
발라드				

1. どんな 音楽が 好きですか。 어떤 음악을 좋아합니까?

2. あまり 有名じゃ ないです。 그다지 유명하지 않습니다.

3. 先輩は 真面目で 親切な 人です。 선배는 성실하고 친절한 사람입니다.

4. どんな 料理が 好きですか。 어떤 요리를 좋아합니까?

5. 有名な 先生です。 유명한 선생님입니다.

6. 真面目で すてきな 先輩です。 성실하고 멋진 선배님입니다.

7. 静かで きれいな 図書館が いいです。
조용하고 깨끗한 도서관이 좋습니다.

8. この 街は 賑やかじゃ ありません。 이 거리는 번화하지 않습니다.

料理の 中で 何が 一番 好きですか。
요리 중에서 무엇을 가장 좋아합니까?

いちばん 一番				
가장, 제일				
ぜんぶ 全部				
전부, 다				
こんど 今度				
이번				
りょうり 料理				
요리				
むずか 難しい				
어렵다				
だいす 大好きだ				
굉장히 좋아하다				
ほう 方				
쪽, 편				
ほんとう 本当に				
정말로				

野球 やきゅう 야구					
海 うみ 바다					
山 やま 산					
犬 いぬ 개					
猫 ねこ 고양이					
サッカー 축구					
ラーメン 라면					
スポーツ 스포츠					

1. 日本語と 英語と とちらが 好きですか。
일본어하고 영어하고 어느 쪽을 (더) 좋아합니까?

2. 日本語の 方が 好きです。 일본어를(쪽을) 더 좋아합니다.

3. 果物の 中で りんごが 一番 好きです。
과일 중에서 사과를 가장 좋아합니다.

4. 日本語と 中国語と とちらが おもしろいですか。
일본어하고 중국어하고 어느 쪽이 (더) 재미있습니까?

5. 海の 方が 好きです。 바다 쪽을 (더) 좋아합니다.

6. この 料理が 一番 おいしいです。 이 요리가 가장 맛있습니다.

7. 季節の 中で 夏が 一番 好きです。
계절 중에서 여름을 가장 좋아합니다.

8. スポーツの 中で サッカーが 一番 好きです。
스포츠 중에서 축구를 가장 좋아합니다.

全部で いくらですか。 전부 해서 얼마입니까?

ひる お昼 점심, 낮					
すこ 少し 조금					
なか お腹 배					
ていしょく 定食 정식					
じゅうぶん 十分 충분					
かんぺき 完璧 완벽					
なんにん 何人 몇 명					
なんまい 何枚 몇 장					

なんだい 何台 몇 대					
つか 疲れる 피곤하다					
ジュース 주스					
ケーキ 케이크					
メニュー 메뉴					
セット 세트					
サラダ 샐러드					
ランチ 런치					

1. 全部で いくらですか。 전부 해서 얼마입니까?

2. これ 一つ ください。 이거 하나 주세요.

3. ケーキは 230円で、 コーヒーは 150円です。
케이크는 230엔이고, 커피는 150엔입니다.

4. これは いくらですか。 이것은 얼마입니까?

5. 少し ください。 조금 주세요.

6. コーヒー 一つと ケーキ 一つ ください。
커피 하나하고 케이크 하나 주세요.

7. 全部 ください。 전부 주세요.

8. これは 日本語の 本で、 それは 中国語の 本です。
이것은 일본어 책이고, 그것은 중국어 책입니다.

教室は どこに ありますか。 교실은 어디에 있습니까?

きょうしつ **教室** 교실				
きょうよう **教養** 교양				
ごうしつ **号室** 호실				
とく **特に** 특히, 특별히				
り ゆう **理由** 이유				
かい **階** 층				
てんいん **店員** 점원				
じょう ず **上手だ** 잘한다				

こく ひ 国費 국비					
ゆうとうせい 優等生 우등생					
みせ 店 가게					
じ てんしゃ 自転車 자전거					
ね だん 値段 가격					
かね お金 돈					
カフェ 카페					
デザイン 디자인					

Sentence

1. 図書館は どこに ありますか。 도서관은 어디에 있습니까?

2. 留学生は 何人 いますか。 유학생은 몇 명 있습니까?

3. 時間も ないし、お金も ありません。 시간도 없고, 돈도 없습니다.

4. 教室は どこに ありますか。 교실은 어디에 있습니까?

5. 時間は ありますか。 시간은 있습니까?

6. かばんは 机の 上に あります。 가방은 책상 위에 있습니다.

7. 日本語も 上手だし、英語も ペラペラです。
일본어도 잘하고 영어도 유창합니다.

8. コーヒーも おいしいし、店員も 親切です。
커피도 맛있고 점원도 친절합니다.

暇な 時、何を しますか。 한가할 때 무엇을 합니까?

10과 Words

暇だ (ひま) / 한가하다					
最近 (さいきん) / 최근					
講義 (こうぎ) / 강의					
全然 (ぜんぜん) / 전혀					
普通 (ふつう) / 보통					
試験 (しけん) / 시험					
勉強 (べんきょう) / 공부					
準備 (じゅんび) / 준비					

29

Words

けんさく 検索 검색					
どうが 動画 동영상					
かいてき 快適だ 쾌적하다					
い 行く 가다					
あんない 案内する 안내하다					
ホーム ページ 홈페이지					
ログイン 로그인					
インター ネット 인터넷					

1. 暇な 時、何を しますか。 한가할 때 무엇을 합니까?

2. 図書館に 行きます。 도서관에 갑니다.

3. ラーメンを 食べました。 라면을 먹었습니다.

4. 明日 友達に 会います。 내일 친구를 만납니다.

5. アルバイトは しません。 아르바이트는 하지 않습니다.

6. タバコは 吸いません。 담배는 피우지 않습니다.

7. 朝早く 起きました。 아침 일찍 일어났습니다.

8. 友達と 映画を 見ました。 친구와 영화를 봤습니다.

부록

회화 해석

준수　이쪽은 지도 교수인 나카무라 선생님입니다. 여러분 자기소개 부탁합니다.

아려　처음 뵙겠습니다. 신입생 왕아려입니다. 잘 부탁드립니다.

나카무라　왕 씨의 전공은 무엇입니까?

아려　관광비즈니스입니다.

나타샤　처음 뵙겠습니다. 나타샤 알렉산드라입니다. 러시아인입니다. 전공은 정치학입니다. 잘 부탁드립니다.

아려　나타샤 씨도 신입생입니까?

나타샤　아니요, 신입생이 아닙니다. 2학년입니다.

마인　오!! 최신형 스마트폰! 이거 누구 거야?

아려　제 거예요. 유학 기념 선물.

나타샤　이것은 무슨 앱이야?

아려　일본어 스터디 앱.

나타샤　멋지다!

아려　마인의 전화번호는 몇 번이에요?

마인　090-9134-5672. 아려의 전화번호는?

아려　080-7526-8839예요.

마인　나타샤의 전화번호는?

나타샤　090-3298-5576이에요.

준수　아려, 나타샤. 오랜만!!

아려, 나타샤　선배님!! 오랜만입니다.

준수　다음 수업은 몇 시부터야?

34

아려　오후 4시부터입니다

나타샤　저도 4시부터입니다.

준수　지금 몇 시?

아려　정각 1시입니다.

준수　난 3시부터 아르바이트. 그럼 2시 반까지 커피라도 어때?

아려, 나타샤　좋아요. (신난대!!)

제4과　お誕生日は いつですか。생일은 언제입니까?　87쪽

나타샤　선생님, 일본어 중간시험은 언제입니까?

나카무라　다음 주 수요일입니다.

아려　다음 주 수요일?!!

나타샤　다음 주 수요일은⋯ 4월 23일. 아려 생일 아냐?

아려　맞아. 내 생일.

마인　아려의 생일이야? 생일 축하해!! 그럼, 시험 후에 축하 파티라도 어때?

나타샤　좋네요!! 모두 함께 축하 파티!!

아려　모두 진짜 고마워요.

제5과　毎日 楽しいです。매일 즐겁습니다.　101쪽

준수　마인은 유학생활 어때?

마인　매일 즐겁습니다. 새로운 환경 속, 때때로 괴롭습니다만.

준수　어떤 때가 괴로워?

마인　숙제랑 리포트가 많아서 항상 바쁩니다. 또 물가가 비싸서 생활에 여유가 없어요.

준수　일본의 물가는 진짜 비싸지. 아려는 어때? 유학생활? 외롭지 않니?

아려　전혀 외롭지 않습니다. 좋은 친구랑 자상한 선배님 덕분에.

준수　그건 다행이네. 공부는 어렵지 않니? 중간시험 성적은?

아려　성적은 별로 좋지 않습니다. 그래도 괜찮습니다.

준수　하하, 아려는 항상 밝아서 정말 좋네.

준수　나타샤는 어떤 음악을 좋아해?

나타샤　저는 조용한 발라드를 좋아합니다.

준수　아려는 어떤 음악을 좋아하니?

아려　일본 애니메이션 OST를 좋아합니다. 특히 미야자키 하야오 감독의….

나타샤　나도 스튜디오 지브리의 음악 굉장히 좋아해. "하울의 움직이는 성"이라든가 "이웃집 토토로"라든가. 조용하고 멋진 음악이 가득.

아려　마인 선배님은요? 어떤 음악을 좋아하세요?

마인　난 정열적인 분위기의 K-pop을 좋아해. K-pop은 베트남에서도 인기 짱이야.

마인　이 라면 매우 맛있네요.

준수　정말 맛있네. 마인은 라면하고 쌀국수하고 어느 쪽을 더 좋아하니?

마인　라면도 좋아하지만, 역시 쌀국수를 더 좋아합니다. 저에게 있어서 베트남 쌀국수는 소울 푸드지요.

준수　소울 푸드….

마인　선배는 한국 요리 중에서 무엇을 가장 좋아하세요?

준수　비빔밥? 김치찌개? 갈비? 어렵네. 다 좋아하니까.

마인　갈비는 저도 아려도 나타샤도 모두 굉장히 좋아해요.

준수　그럼, 이번 유학생회 모두와 갈비 파티 어때?

마인　갈비 파티? 고저스하네요. 역시 선배님 대단해요!!

마인　점심 메뉴는 뭐로 할까?

아려　난 배가 너무 고파. 일식 정식 세트에 조각 케이크 하나, 아이스커피 하나.

마인　그렇게 많이? 다 해서 얼마야?

아려　일식 정식 세트가 780엔이고, 케이크가 230엔, 아이스커피가 150엔, 다 해서 1160엔. 나타샤는?

나타샤　난 소바 정식 세트. 소바와 튀김, 샐러드 해서 680엔. 마인은?

마인　여기요. 규동 하나 주세요. 점심은 규동 하나면 충분.

아려　완벽한 마인. 좀 피곤하네.

 제9과

教室は どこに ありますか。 교실은 어디에 있습니까?

157쪽

준수　일본어 수업 교실은 어디야?

아려　제가 좋아하는 교양관에 있어요. 교양관 403호실입니다.

준수　좋아하는 교양관? 특별히 좋아하는 이유라도?

아려　교양관 1층에 카페가 있는데요, 커피도 맛있고, 친절하고 잘생긴 점원분이 있거든요.

준수　하하. 그렇구나. 일본어 수업에 유학생은 몇 명?

아려　10명 있습니다.
　　　한국에서의 유학생이 4명, 중국 유학생이 3명, 미국과 러시아, 베트남 유학생이 1명씩 있어요.

준수　유학생 중에서는 누가 일본어를 제일 잘해?

아려　모두 잘하는데요, 국비유학생인 우등생 마인이 제일….

준수　마인 대단하네. 마인은 영어도 완전 유창한데.

 제10과

暇な 時、何を しますか。 한가할 때 무엇을 합니까?

171쪽

아려　선배님은 한가할 때 무엇을 하세요?

준수　최근 바빠서 여유가 전혀…. 보통 수업 후엔 아르바이트나 도서관으로….

아려　항상 도서관에서 무엇을 하세요?

준수　시험 공부에 리포트 준비, 인터넷 검색이랑 동영상 강의까지 거의 다 도서관에서 해.
　　　도서관은 쾌적하고 편리하니까.

아려　그래요? 그럼, 저도 오늘부터 도서관에 갈게요.

준수　그래? 그럼, 내가 안내할게.

아려　정말이에요? 감사합니다.

패턴 연습 정답

제1과

A 49쪽

① はじめまして。イ·ジュンスです。
せんこう 専攻は 経営学です。よろしく お願いします。

② はじめまして。ナターシャ·アレクサンドラです。
せんこう 専攻は 政治学です。よろしく お願いします。

③ はじめまして。山田です。
せんこう 専攻は 医学です。よろしく お願いします。

④ はじめまして。橋本です。
せんこう 専攻は 建築学です。よろしく お願いします。

⑤ はじめまして。鈴木です。
せんこう 専攻は 放送学です。よろしく お願いします。

⑥ はじめまして。吉本です。
せんこう 専攻は 福祉学です。よろしく お願いします。

B 50쪽

① B：はい、そうです。

② B：いいえ、中国人では ありません。
(= 中国人じゃ ありません)

③ B：はい、そうです。

④ B：いいえ、イタリア人では ありません。
(= イタリア人じゃ ありません)

C 51쪽

① B：はい、彼は 医者です。

② B：はい、彼女は 歌手です。

③ B：いいえ、キムさんは 運転手では ありません。
(= 運転手じゃ ありません)

④ B：いいえ、中村さんは モデルでは ありません。
(= モデルじゃ ありません)

제2과

A 63쪽

① B：それは 本です。

② B：それは かさです。

③ B：これは 新聞です。

④ B：あれは めがねです。

B 64쪽

① B：ファッションの 雑誌です。

② B：日本語の 本です。

③ B：旅行の サイトです。

④ B：英語の 授業です。

C 65쪽

① B：02-384-1620です。

② B：032-798-7042です。

③ B：02-3290-3698です。

④ B：02-537-1684です。

A   77쪽

① B：2時 10分です。

② B：4時 20分です。

③ B：7時 35分です。

④ B：9時 48分です。

⑤ B：10時 50分です。

⑥ B：12時 30分です。

B   78쪽

① B：午前 9時から 午後 6時までです。

② B：午前 9時30分から 午後 7時までです。

③ B：午前 7時から 午後 8時までです。

④ B：午前 9時から 9時50分までです。

⑤ B：午前 9時から 午後 4時までです。

C   79쪽

① A：お茶でも どうですか。

② A：食事でも どうですか。

③ A：ドライブでも どうですか。

④ A：ビールでも どうですか。

⑤ A：映画でも どうですか。

⑥ A：散歩でも どうですか。

제4과

A   91쪽

① A：ワン・アリョさんの お誕生日は いつですか。
   B：6月 8日です。

② A：鈴木さんの お誕生日は いつですか。
   B：7月 31日です。

③ A：遠藤さんの お誕生日は いつですか。
   B：11月 1日です。

④ A：橋本さんの お誕生日は いつですか。
   B：9月 5日です。

⑤ A：田中さんの お誕生日は いつですか。
   B：3月 14日です。

⑥ A：キム・ジュウォンさんの お誕生日は いつ

   ですか。
   B：12月 10日です。

B   92쪽

① 3月 2日 水曜日です。

② 4月 7日 木曜日です。

③ 5月 9日 月曜日です。

④ 6月 24日 金曜日です。

⑤ 8月 6日 土曜日です。

⑥ 10月 4日 火曜日です。

① A : テストは いつから いつまでですか。

B : テストは 4月 19日から 4月 23日 です。

② A : 雪祭りは いつから いつまでですか。

B : 雪祭りは 2月 7日から 2月 13日まで です。

③ A : コンサートは いつから いつまでですか。

B : コンサートは 3月 20日から 4月 10日まで です。

④ A : ミュージカル公演は いつから いつまで ですか。

B : ミュージカル公演は 2月 14日から 5月 29日 までです。

⑤ A : 夏休みは いつから いつまでですか。

B : 夏休みは 7月 10日から 8月 30日まで です。

⑥ A : 冬休みは いつから いつまでですか。

B : 冬休みは 12月 10日から 2月 28日まで です。

제5과

① A : 教室は 広いですか。

B : いいえ、広く ないです。

(= 広く ありません)

② A : 今日は 寒いですか。

B : いいえ、寒く ないです。

(= 寒く ありません)

③ A : 日本語は 難しいですか。

B : いいえ、難しく ないです。

(= 難しく ありません)

④ A : 漢字は 易しいですか。

B : いいえ、易しく ないです。

(= 易しく ありません)

⑤ A : スカートは 長いですか。

B : いいえ、長く ないです。

(= 長く ありません)

⑥ A : 駅は 近いですか。

B : いいえ、近く ないです。

(= 近く ありません)

① A : この 冬は とても 寒いですね。

B : そうですね。寒い 冬ですね。

② A : この キムチは とても 辛いですね。

B : そうですね。辛い キムチですね。

③ A : あの 会社は とても 大きいですね。

B : そうですね。大きい 会社ですね。

④A：この 車はとても 新いですね。

B：そうですね。新い 車ですね。

C 107쪽

①A：どんな かばんですか。

B：大きくて 高い かばんです。

②A：どんな キムチですか。

B：辛くて おいしい キムチです。

③A：どんな スマートフォンですか。

B：新しくて 安い スマートフォンです。

④A：どんな 部屋ですか。

B：明るくて 広い 部屋です。

제6과

A 119쪽

①A：街は 静かですか。

B：いいえ、静かじゃ ないです。

（= 静かじゃ ありません）

②A：図書館は 賑やかですか。

B：いいえ、賑やかじゃ ないです。

（= 賑やかじゃ ありません）

③A：問題は 簡単ですか。

B：いいえ、簡単じゃ ないです。

（= 簡単じゃ ありません）

④A：学生は 真面目ですか。

B：いいえ、真面目じゃ ないです。

（= 真面目じゃ ありません）

⑤A：子供は 元気ですか。

B：いいえ、元気じゃ ないです。

（= 元気じゃ ありません）

⑥A：店員は 親切ですか。

B：いいえ、親切じゃ ないです。

（= 親切じゃ ありません）

B 120쪽

①A：あの 先輩は ハンサムですね。

B：そうですね。ハンサムな 先輩ですね。

②A：あの 人は 真面目ですね。

B：そうですね。真面目な 人ですね。

③A：この 人は クールですね。

B：そうですね。クールな 人ですね。

④A：あの 歌手は 有名ですね。

B：そうですね。有名な 歌手ですね。

C 121쪽

①A：どんな レストランですか。

B：きれいで 親切な レストランです。

②A：どんな 子供ですか。

B：元気で 丈夫な 子供です。

③ A : どんな スマートフォンですか。

B : 簡単で 便利な スマートフォンです。

④ A : どんな 車ですか。

B : 楽で 静かな 車です。

제7과

A　　　　　　　　　　　　133쪽

① A : 東京と 京都と どちらが 好きですか。

B : 東京の 方が 好きです。

(or) 京都の 方が 好きです。

② A : ヨガと ジョギングと どちらが 好きですか。

B : ヨガの 方が 好きです。

(or) ジョギングの 方が 好きです。

③ A : 犬と 猫と どちらが 好きですか。

B : 犬の 方が 好きです。

(or) 猫の 方が 好きです。

④ A : 山と 海と どちらが 好きですか。

B : 山の 方が 好きです。

(or) 海の 方が 好きです。

⑤ A : 白と 黒と どちらが 好きですか。

B : 白の 方が 好きです。

(or) 黒の 方が 好きです。

⑥ A : アメリカーノと キャラメルマキアートと

どちらが 好きですか。

B : アメリカーノの 方が 好きです。

(or) キャラメルマキアートの 方が 好きです。

B　　　　　　　　　　　　134쪽

① A : バナナと パイナップルと オレンジの 中で どれ
が 一番 好きですか。

B : バナナが 一番 好きです。

(or) パイナップルが 一番 好きです。

(or) オレンジが 一番 好きです。

② A : 焼酎と ワインと ビールの 中で どれが 一番
好きですか。

B : 焼酎が 一番 好きです。

(or) ワインが 一番 好きです。

(or) ビールが 一番 好きです。

③ A : サッカーと 野球と 水泳の 中で どれが 一番
好きですか。

B : サッカーが 一番 好きです。

(or) 野球が 一番 好きです。

(or) 水泳が 一番 好きです。

④ A : ネックレスと イヤリングと 指輪の 中で
どれが 一番 好きですか。

B : ネックレスが 一番 好きです。

(or) イヤリングが 一番 好きです。

(or) 指輪が 一番 好きです。

C 135쪽

① A：動物の 中で 何が 一番 好きですか。

　B：象が 一番 好きです。

　　(or) 鹿が 一番 好きです。

　　(or) パンダが 一番 好きです。

② A：飲み物の 中で 何が 一番 好きですか。

　B：コーヒーが 一番 好きです。

　　(or) コーラが 一番 好きです。

　　(or) ジュースが 一番 好きです。

③ A：料理の 中で 何が 一番 好きですか。

　B：エビフライが 一番 好きです。

　　(or) すしが 一番 好きです。

　　(or) ラーメンが 一番 好きです。

④ A：スポーツの 中で 何が 一番 好きですか。

　B：野球が 一番 好きです。

　　(or) バスケットボールが 一番 好きです。

　　(or) サッカーが 一番 好きです。

제8과

A 147쪽

① A：ネックレスは いくらですか。

　B：ネックレスは 7万2千ウォンです。

② A：ワンピースは いくらですか。

　B：ワンピースは 8万9千ウォンです。

③ A：サングラスは いくらですか。

　B：サングラスは 12万7千ウォンです。

④ A：ジャケットは いくらですか。

　B：ジャケットは 14万5千ウォンです。

⑤ A：ブーツは いくらですか。

　B：ブーツは 9万8千ウォンです。

⑥ A：腕時計は いくらですか。

　B：腕時計は 24万3千ウォンです。

B 148쪽

① A：ジュースは いくらですか。

　B：オレンジジュースは 2,000ウォンで、

　　いちごジュースは 3,000ウォンです。

② A：ケーキは いくらですか。

　B：チーズケーキは 4,300ウォンで、

　　チョコレートケーキは 3,800ウォンです。

③ A：アクセサリーは いくらですか。

　B：ネックレスは 98,000ウォンで、

　　イヤリングは 78,000ウォンです。

④ A：ハンバーガーは いくらですか。

　B：チーズバーガーは 2,500ウォンで、

　　チキンバーガーは 4,000ウォンです。

C 149쪽

① A：ハンバーガーと コーラ ください。

　　全部で いくらですか。

　B：ハンバーガーは 3,000ウォンで、コーラは

　　1,500ウォンです。全部で 4,500ウォンです。

② A : ワンピースと スカーフ ください。
　　　全部_{ぜんぶ}で いくらですか。

　　B : ワンピースは 60,000ウォンで、スカーフは
　　　29,000ウォンです。全部_{ぜんぶ}で 89,000ウォン
　　　です。

③ A : うどんと おにぎり ください。
　　　全部_{ぜんぶ}で いくらですか。

　　B : うどんは 4,500ウォンで、おにぎりは 1,500
　　　ウォンです。全部_{ぜんぶ}で 6,000ウォンです。

④ A : パスタと ジュース ください。
　　　全部_{ぜんぶ}で いくらですか。

　　B : パスタは 9,800ウォンで、ジュースは 3,500
　　　ウォンです。全部_{ぜんぶ}で 13,300ウォンです。

제9과

A 161쪽

① B : 銀行は 郵便局の 隣に あります。
② B : 薬局は 病院の 後ろに あります。
③ B : デパートは 病院の 向かいに あります。
④ B : コンビニは 銀行の 近くに あります。

B 162쪽

① B : 中村先生は イさんの そばに います。
② B : アリョさんは 中村先生の 前に います。

③ B : 犬は アリョさんの 横に います。
④ B : 猫は ソファーの 上に います。

C 163쪽

① A : 学校の 図書館は どうですか。
　　B : 静かだし、資料も 多いです。

② A : あの カフェは どうですか。
　　B : コーヒーが おいしいし、雰囲気も いいです。

③ A : 日本語の 授業は どうですか。
　　B : 先生が 面白いし、内容も 難しく ないです。

④ A : あの コンビニは どうですか。
　　B : 店員が 不親切だし、狭くて 不便です。

제10과

A 177쪽

① A : タバコを 吸いますか。
　　B : はい、吸います。
　　　いいえ、吸いません。

② A : 手紙を 書きますか。
　　B : はい、書きます。
　　　いいえ、書きません。

③ A : 海で 泳ぎますか。
　　B : はい、泳ぎます。
　　　いいえ、泳ぎません。

④ A：薬を 飲みますか。

B：はい、飲みます。

いいえ、飲みません。

⑤ A：ニュースを 見ますか。

B：はい、見ます。

いいえ、見ません。

⑥ A：毎日 散歩しますか。

B：はい、します。

いいえ、しません。

B 178쪽

① A：友だちに 会いましたか。

B：はい、会いました。

いいえ、会いませんでした。

② A：料理を 作りましたか。

B：はい、作りました。

いいえ、作りませんでした。

③ A：お風呂に 入りましたか。

B：はい、入りました。

いいえ、入りませんでした。

④ A：試験を 受けましたか。

B：はい、受けました。

いいえ、受けませんでした。

⑤ A：アルバイトを しましたか。

B：はい、しました。

いいえ、しませんでした。

⑥ A：日本語の 勉強を しましたか。

B：はい、しました。

いいえ、しませんでした。

C 179쪽

① A：何を 買いましたか。

B：本を 買いました。

② A：どこに 行きましたか。

B：トイレに 行きました。

③ A：何時に 帰りましたか。

B：9時に 帰りました。

④ A：何を 見ましたか。

B：映画を 見ました。

⑤ A：だれに 会いましたか。

B：恋人に 会いました。

⑥ A：どこで 会いましたか。

B：会社の 前で 会いました。

베이직 테스트 정답&청취 스크립트/해석

히라가나(ひらがな)와 발음 익히기

①3   ②3   ③4   ④4   ⑤3

청취 스크립트

① ねこ 고양이   ② かぎ 열쇠

③ ちゅうもん 주문   ④ けっせき 결석

⑤ おおきい 크다

가타카나(カタカナ)와 발음 익히기

①2   ②4   ③2   ④1   ⑤2

청취 스크립트

① ソウル 서울   ② スキー 스키

③ メッセージ 메시지   ④ ショップ 숍

⑤ スマートフォン 스마트폰

1과

01

① がくせい   ② じこしょうかい

③ せんこう   ④ かんこう

⑤ しんにゅうせい

02

①1   ②3   ③2

청취 스크립트

ジャン : はじめまして。私は ジャン・明明です。
　　　　 グローバル大学の 新入生です。

中村 : ジャンさんの 専攻は 何ですか。

ジャン : 専攻は 観光です。

中村 : ジャンさんは 韓国人ですか。

ジャン : いいえ、韓国人じゃ ありません。中国人です。

장　　 : 처음 뵙겠습니다. 저는 장밍밍입니다.
　　　　 글로벌대학 신입생입니다.

나카무라 : 장 씨의 전공은 무엇입니까?

장　　 : 전공은 관광입니다.

나카무라 : 장 씨는 한국인입니까?

장　　 : 아니요, 한국인이 아닙니다. 중국인입니다.

2과

01

① にほんご   ② でんわばんごう

③ りゅうがく   ④ きねん

02

①2   ②3   ③4

청취 스크립트

A : それは 何の 本ですか。

B : 専攻の 本です。

A : 専攻は 何ですか。

B : 日本語です。

A : その 日本語の 本は あなたのですか。

B : いいえ、友達のです。

A : 그것은 무슨 책입니까?

B : 전공 책입니다.

A : 전공은 무엇입니까?

B : 일본어입니다.

A : 그 일본어 책은 당신 것입니까?
B : 아니요, 친구 것입니다.

3과

01

① あさ　　　　② ごぜん

③ いま　　　　④ じゅぎょう

⑤ つぎ

02

① 4　　② 2　　③ 2

청취 스크립트

A : 今から 授業ですか。

B : いいえ、アルバイトです。

A : アルバイトは 何時から 何時までですか。

B : 午前 10時から 午後 5時までです。

A : 何の アルバイトですか。

B : 図書館の アルバイトです。

A : 지금부터 수업입니까?
B : 아니요, 아르바이트입니다.
A : 아르바이트는 몇 시부터 몇 시까지입니까?
B : 오전 10시부터 오후 5시까지입니다.
A : 무슨 아르바이트입니까?
B : 도서관 아르바이트입니다.

4과

01

① きょう　　　　② どようび

③ たんじょうび　　④ らいしゅう

⑤ いわい

02

① 4　　② 2　　③ 2

청취 스크립트

マイン　　：ナターシャの 誕生日は いつ?

ナターシャ：7月 10日です。マイン先輩の

　　　　　　お誕生日は いつですか。

マイン　　：2月 14日。

ナターシャ：2月 14日ですか。

　　　　　　バレンタインデー?

マイン　　：そう。それで 誕生日の プレゼントは

　　　　　　チョコレートが いっぱい。

ナターシャ：ふふ、そうですか。

　　　　　　イ先輩の お誕生日は いつですか。

ジュンス　：僕の 誕生日は 5月 8日。

ナターシャ：5月 4日ですか。

ジュンス　：いや、5月 8日。

마인　 : 나타샤의 생일은 언제?
나타샤 : 7월 10일이에요. 마인 선배의 생일은 언제예요?
마인　 : 2월 14일.
나타샤 : 2월 14일이에요? 발렌타인데이?
마인　 : 응. 그래서 생일 선물은 초콜릿이 잔뜩.
나타샤 : 후후, 그래요? 이 선배의 생일은 언제예요?
준수　 : 내 생일은 5월 8일.
나타샤 : 5월 4일이에요?
준수　 : 아니, 5월 8일.

01

① ぶっか ② かんきょう
③ えき ④ ときどき
⑤ かんじ

01

① かんとく ② だいにんき
③ おんがく ④ じょうねつてき
⑤ ゆうめい

02

①4 ②3 ③2

02

①1 ②1 ③2

청취 스크립트

ジュンス ：マイン、専攻の 勉強 難しく ない?

マイン ：ちょっと 難しいですけど、面白いです。

ジュンス ：ナターシャは どう? 専攻の 勉強。

ナターシャ：宿題が 多くて、毎日 忙しいですけど、
面白いです。

ジュンス ：日本語の 勉強は どう?

ナターシャ：とても 面白いです。でも 漢字が 難しくて。

マイン ：そう。日本語の 漢字は 本当に 難しいね。

준수 : 마인, 전공 공부 어렵지 않아?
마인 : 좀 어렵습니다만, 재미있습니다.
준수 : 나타샤는 어때? 전공 공부.
나타샤 : 숙제가 많아 매일 바쁩니다만, 재밌습니다.
준수 : 일본어 공부는 어때?
나타샤 : 매우 재미있습니다. 하지만 한자가 어려워서.
마인 : 그래. 일본어 한자는 정말 어렵지.

청취 스크립트

ジュンス ：アリョは どんな 料理が 好き?

アリョ ：私は すしとか そばとか 日本料理が 好き
です。

ジュンス ：ナターシャは どんな 料理が 好き?

ナターシャ：私は 肉料理が 大好きです。

サムギョプサルや プルコギ、肉は 全部 好
きです。

マイン ：僕は ラーメンとか うどんとか 麺類 料理が
好きです。

준수 : 아려는 어떤 음식을 좋아해?
아려 : 저는 초밥이라든가 소바라든가 일본 요리를 좋아합
니다.
준수 : 나타샤는 어떤 요리를 좋아해?
나타샤 : 저는 고기 요리를 아주 좋아합니다.
삼겹살이나 불고기, 고기는 전부 좋아합니다.
마인 : 저는 라면이라든가 우동이라든가 면류 요리를 좋아
합니다.

01

① いちばん　　② やきゅう

③ きせつ　　　④ かしゅ

⑤ うみ

02

①2　　②1　　③3

청취 스크립트

ジュンス　：アリョは 犬と 猫と どちらが 好き?

アリョ　　：私は 犬の 方が 好きです。

ジュンス　：ナターシャは どちらが 好き?

ナターシャ：私は 猫の 方が 好き。かわいい 猫 大好き。

マイン　　：僕は どちらも 好き。

ジュンス　：じゃ、料理の 中で 何が 一番 好き?

ナターシャ：私は カルビが 一番 好きです。

アリョ　　：私は すしが 一番 好きです。

マイン　　：僕は 麺類は 全部 好きですが、麺類の 中で
　　　　　　ライスヌードルが 一番 好きです。

준수　：아려는 개와 고양이와 어느 쪽을 좋아해?

아려　：저는 개 쪽을 좋아합니다.

준수　：나타샤는 어느 쪽을 좋아해?

나타샤：저는 고양이 쪽이 좋아요. 귀여운 고양이 너무 좋아.

마인　：저는 어느 쪽도 좋아요.

준수　：그럼, 요리 중에서 뭐가 가장 좋아?

나타샤：저는 갈비를 가장 좋아해요.

아려　：저는 초밥을 가장 좋아해요.

마인　：저는 면류는 전부 좋아합니다만, 면류 중에서 쌀국수
　　　　를 가장 좋아합니다.

01

① じゅうぶん　　② ぜんぶ

③ ていしょく　　④ おみず

02

①4　　②4　　③2

청취 스크립트

A：わ～ かわいい ものが いっぱい!!

　　すみません。これ いくらですか。

B：その かばんですか。それは 6千円です。

A：ちょっと 高いですね。じゃ、これは いくらですか。

B：それは 9千円です。

A：きゃ、もっと 高い。

　　じゃ、あの 小さい かばんは いくらですか。

B：あれは 1900円です。一番 安い かばんです。

A：じゃ、あの 小さい かばん 一つ ください。

B：この 靴も いかがですか。これも 安いですよ。
　　1500円。セットで どうぞ。

A：いいえ、かばんだけで 十分です。

A：와～ 귀여운 게 잔뜩!! 여기요. 이거 얼마예요?

B：그 가방 말입니까? 그것은 6천 엔입니다.

A：좀 비싸네요. 그럼, 이것은 얼마예요?

B：그것은 9천 엔입니다.

A：캭, 더 비싸네. 그럼, 저 작은 가방은 얼마예요?

B：저것은 1,900엔입니다. 가장 저렴한 가방입니다.

A：그럼, 저 작은 가방 하나 주세요.

B：이 구두도 어떠십니까? 이것도 저렴해요. 1,500엔. 세트
　　로 어떠세요?

A：아니요, 가방만으로 충분합니다.

9과

01

① ぎんこう　　② きょうしつ

③ こくひ　　　④ ゆうとうせい

⑤ じてんしゃ

02

① 3　　② 4　　③ 3

A : 静かで きれいな 図書館ですね。

B : そうですね。学生が たくさん いますね。

A : 専攻の 本も いっぱい ありますね。

B : あれは 何ですか。

A : あれは パソコンルームです。

　　パソコンルームの 後ろには コンビニと

　　食堂が あります。

B : すごいですね。図書館に カフェも ありますか。

A : いいえ、ありません。

　　カフェは 図書館の 隣に あります。

A : 조용하고 깨끗한 도서관이네요.

B : 그러네요. 학생이 많이 있네요.

A : 전공 책도 많이 있네요.

B : 저것은 무엇입니까?

A : 저것은 컴퓨터 룸입니다.

　　컴퓨터 룸 뒤에는 편의점과 식당이 있습니다.

B : 굉장하네요. 도서관에 카페도 있습니까?

A : 아니요, 없습니다. 카페는 도서관 옆에 있습니다.

10과

01

① ひま　　　② さいきん

③ じゅんび　　④ けんさく

⑤ どうが

02

① 2　　② 3　　③ 2

A : 昨日 何時に 家に 帰りましたか。

B : 夜 10時に 帰りました。

A : 夜遅くまで 何を しましたか。

　　お酒を 飲みましたか。

B : いいえ、お酒は 飲みませんでした。

　　宿題が 多くて、図書館で 宿題を しました。

A : 専攻の 宿題ですか。

B : いいえ、教養の 宿題です。

A : 友達も いっしょに いましたか。

B : いいえ、先輩と いっしょに いました。

A : 어제 몇 시에 집에 돌아갔습니까?

B : 저녁 10시에 돌아갔습니다.

A : 저녁 늦게까지 무엇을 했습니까? 술을 마셨습니까?

B : 아니요, 술은 마시지 않았습니다. 숙제가 많아서 도서관
　　에서 숙제를 했습니다.

A : 전공 숙제입니까?

B : 아니요, 교양 숙제입니다.

A : 친구와 함께 있었습니까?

B : 아니요, 선배와 함께 있었습니다.

1과

① はじめまして。よろしく お願いします。

② 専攻は、観光ビジネスです。

③ こちらは 中村先生です。

④ 彼女は 韓国人では ありません。

 (= 韓国人じゃ ありません)

⑤ 彼は 日本人では ありません。

 (= 日本人じゃ ありません)

2과

① これは プレゼントです。

② 日本語の アプリです。

③ それは 私のです。

④ 電話番号は 何番ですか。

⑤ 何の 本ですか。

3과

① 午後 1時です。

② アルバイトは 何時からですか。

③ 授業は 何時までですか。

④ 一緒に 食事でも どうですか。

⑤ ドライブは どうですか。

4과

① お誕生日は いつですか。

② 今日は 何日ですか。

③ 明日は 何曜日ですか。

④ 来週の 土曜日は 何月 何日ですか。

⑤ 友達と いっしょに パーティーでも どうですか。

5과

① 時々 寂しいです。

② レポートが 多くて 苦しいです。

③ 日本の 物価は 高いです。

④ 日本語は 難しく ないです。

 (= 難しく ありません)

⑤ 先生は 易しくて 面白いです。

6과

① どんな 料理が 好きですか。

② 有名な 先生です。

③ 真面目で ハンサムな 先輩です。

④ 静かで きれいな 図書館が いいです。

⑤ この 街は 賑やかじゃ ないです。

 (= 賑やかじゃ ありません)

① 日本語と 英語と どちらが 面白いですか。

② 海の 方が 好きです。

③ この 料理が 一番 おいしいです。

④ 季節の 中で 夏が 一番 好きです。

⑤ スポーツの 中で サッカーが 一番 好きです。

① これは いくらですか。

② 少し ください。

③ コーヒー 1つと ケーキ 1つ ください。

④ 全部 ください。

⑤ これは 日本語の 本で、それは 中国語の 本

です。

① 教室は どこに ありますか。

② 時間は ありますか。

③ かばんは 机の 上に あります。

④ 先輩は 教室に いません。

⑤ コーヒーも おいしいし、店員さんも 親切です。

① 明日 友だちに 会います。

② アルバイトは しません。

③ タバコは 吸いません。

④ 朝早く 起きました。

⑤ ラーメンを 食べました。

레벨업 테스트 정답

1과

01

① きょうじゅ 교수

② ちゅうごくじん 중국인

③ いしゃ 의사

④ ともだち 친구

⑤ せいじがく 정치학

02

① こちらは

② 何_{なん}ですか

③ では ありません (= じゃ ありません)

④ の

03

① 新入生_{しんにゅうせい}ですか。

② 専攻_{せんこう}は 日本語_{にほんご}です。

③ 彼_{かれ}は 先輩_{せんぱい}では ありません。

　　(= 先輩_{せんぱい}じゃ ありません)

2과

01

① じむしつ 사무실

② なんばん 몇 번

③ としょかん 도서관

④ ざっし 잡지

⑤ さいしんがた 최신형

02

① これは

② 何_{なん}の

③ 何番_{なんばん}ですか

④ だれの

03

① これは だれのですか。

② 何_{なん}の 授業_{じゅぎょう}ですか。

③ 電話番号_{でんわばんごう}は 何番_{なんばん}ですか。

3과

01

① はん 반

② しょくどう 식당

③ さけ 술

④ びょういん 병원

⑤ ゆうびんきょく 우체국

02

① 何時_{なんじ}

② から

③ まで

53

④ でも

⑤ 次（つぎ）

① 今（いま）何時（なんじ）ですか。

② 次（つぎ）の 授業（じゅぎょう）は 何時（なんじ）からですか。

③ いっしょに 散歩（さんぽ）でも どうですか。

4과

01

① がくせい 学生

② なつやす(み) 여름 방학

③ そつぎょうしき 졸업식

④ あした 내일

⑤ なんようび 무슨 요일

02

① 何日（なんにち）

② 来週（らいしゅう）

③ いつ

④ と

03

① 先生（せんせい）の お誕生日（たんじょうび）は いつですか。

② 明日（あした）は 何曜日（なんようび）ですか。

③ 夏休（なつやす）みは 何月（なんがつ）何日（なんにち）からですか。

5과

01

① せいせき 성적

② しゅくだい 숙제

③ せいかつ 생활

④ いそが(しい) 바쁘다

⑤ たの(しい) 즐겁다

02

① 新（あたら）しい

② 高（たか）く なくて

③ 全然（ぜんぜん）

④ 良（よ）く ないです (= 良（よ）く ありません)

⑤ おかげで

03

① 日本語（にほんご）の 勉強（べんきょう）は 面白（おもしろ）いです。

② 成績（せいせき）は あまり 良（よ）く ないです。

（= 良（よ）く ありません）

③ 彼女（かのじょ）は 明（あか）るくて 優（やさ）しいです。

6과

01

① しず(かだ) 조용하다

② べんり(だ) 편리하다

54

③ げんき(だ) 건강하다

④ にぎ(やかだ) 번화하다, 번잡하다

⑤ しんせつ(だ) 친절하다

02

① どんな

② 静かです

③ 有名じゃ ないです (= 有名じゃ ありません)

④ 親切な

⑤ 静かで きれいな

⑥ とか/とか

03

① どんな 人が 好きですか。

② この 部屋は きれいじゃ ないです。

　　　　　(= きれいじゃ ありません)。

③ 賑やかで 有名な 街です。

7과

01

① やま 산

② ねこ 고양이

③ いぬ 개

④ はる 봄

⑤ くだもの 과일

02

① どちら

② 方

③ 一番

④ 中で

03

① 日本語の 授業が 一番 面白いです。

② 季節の 中で 秋が 一番 好きです。

③ うどんより ラーメンの 方が 好きです。

8과

01

① (お)なか 배

② すこ(し) 조금

③ つか(れる) 피곤하다

④ かんぺき 완벽

02

① で

② いくら

③ ください

④ で

03

① ケーキは いくらですか。

② ラーメン 一つ(ひと)と、うどん 一つ(ひと) ください。

③ 私(わたし)の 専攻(せんこう)は 日本語(にほんご)で、彼(かれ)の 専攻(せんこう)は 英語(えいご)です。

9과

01

① みせ 가게

② てんいん 점원

③ ねだん 가격

④ となり 옆, 이웃

02

① どこ

② いますか

③ いません

④ あります

⑤ し

03

① 留学生(りゅうがくせい)は 何人(なんにん) いますか。

② 学校(がっこう)は どこに ありますか。

③ 図書館(としょかん)の 中(なか)に 食堂(しょくどう)が あります。

10과

01

① こうぎ 강의

② かいてき 쾌적

③ けっせき 결석

④ あんない 안내

02

① を

② へ/に

③ で

④ と

⑤ に

03

① 友(とも)だちと いっしょに 図書館(としょかん)で 勉強(べんきょう)を します。

② 普通(ふつう) 朝(あさ)ごはんは 食(た)べません。

③ 私(わたし)が 案内(あんない)します。